DE COCAÍNA A CRISTO

UNA HISTORIA DE REDENCIÓN, RECONCILIACIÓN, Y RECUPERACIÓN

BRIAN O. MOHIKA

Traducido Por
DINORAH BONIFACIO

KINGDOM PRINTS

PRÓLOGO

Brian O. Mohika vino por primera vez a New Life Christian Assembly of God, Haverhill, MA en 2010. Cuando nos conocimos por primera vez, como la mayoría de los pastores suelen ser, yo estaba muy curioso acerca de este joven energético y carismático que honraba a nuestra comunidad. ¡Definitivamente tenía una personalidad que me llamó la atención! Los siguientes meses y años estuvieron llenos de oportunidades para conocerlo, para conocer su mundo y para conocer sus luchas. El ser pastor ciertamente tiene sus desafíos, aún como es mi caso, después de años y años de experiencia. Pero con cada persona hay una historia, y con cada historia hay muchos caminos que recorrer y montañas que escalar y valles de los que salir. ¡Puedo decir que pastorear a Brian Mohika ha sido toda una aventura! Y ha sido un esfuerzo que vale la pena. A veces los pastores no tienen la oportunidad de ver los resultados de su ministerio ni los resultados de la obra de Dios en la vida de las personas debido a la reubicación, ya sea física (por cualquier razón), o espiritualmente, o ambas. He tenido el privilegio de caminar paso a paso con Brian por muchos años, y he experimentado cómo el Señor lo salvó, lo liberó, lo formó, lo usa, y continúa perfeccionando sus fortalezas, debilidades y talentos. El Señor sigue moldeando a Brian en el hombre de Dios que Él desea que llegue a ser, porque hay muchos nuevos esfuerzos que deben realizarse en y a través de su vida. Para mí, esta es una experiencia muy gratificante y estimulante, ¡y no cambiaría la oportunidad por nada!

¿Cree usted que Dios, el creador del universo, sigue hablando hoy en día? ¿Te has preguntado alguna vez si hay una esperanza real en el mundo que pueda tomar a una persona, cualquier persona, buena o mala, y verter en esa alma, vida, esperanza y propósito? ¿Crees que a Dios le importan los que luchan en la vida, incluso los que, desafiándose a sí mismos, eligen su propio camino y terminan peor que antes? Estoy aquí para decirte que Dios sí habla y sí le importa. A Él le importa tanto que "... dio a su Hijo unigénito, para que quien crea en Él no muera, sino que tenga vida eterna" Juan 3:16 (NKJV).

Sin embargo, una cosa es leer la Biblia y otra muy distinta es verla vivida en la vida real.

"De la Cocaína a Cristo" es una narración literal de la historia de un hombre, cómo Dios lo alcanzó y lo arrancó del fuego y la destrucción de esta vida y amorosamente le dio una nueva. Es una historia conmovedora de la travesía de una vida de abuso, dudas, adicción a las drogas y al alcohol, caos, orgullo y egocentrismo a una vida de entrega a Dios, a la familia, y a la iglesia. Esta es una historia de cómo Dios ha tomado un alma herida, y lo ha convertido en un hombre fiel, esposo y padre de sus hijos. Si usted, o alguien que usted conoce tiene curiosidad por saber cómo Dios opera en la zona cero, o tal vez está teniendo su propia vida difícil, este libro es definitivamente para usted. Desde un difícil trasfondo familiar, desde estar atrapado en el sistema legal, desde el fracaso matrimonial, desde profundas adicciones y automedicación, ¡Dios ha traído a Brian liberación, sanidad, nuevos comienzos y victorias! Ahora un hombre fiel de familia, un líder en su iglesia local, una persona prominente en el campo de la medicina, un inventor muy respetado, y en camino a sus credenciales ministeriales, la historia de Brian es una historia de esperanza y confianza en un Dios vivo y fiel. "El no hace acepción de personas" (ver Hechos 10:34, NKJV), sino que con firmeza ama y vierte dentro de cada una de las personas que creó. Brian te lleva en su viaje. Por supuesto, la historia de cada persona es única, y la de Brian es sólo eso. Está hecha a medida por Dios mismo. Sólo Dios sabría lo que se necesitaría para llegar a Brian, para conseguir y mantener su enfoque y atención. Vemos a un joven con tanto potencial, pero con heridas y disperso en un millón de direcciones. Vemos cómo Dios constriñe a Brian, y lo pone en el camino correcto donde sus dones, que son muchos, podrían ser usados para el mejoramiento de la humanidad, y para el avance del Evangelio. Es un ejemplo moderno de Dios en acción, un hombre dispuesto a confiar y una vida entregada al Todopoderoso. La historia de Brian trae al frente la escritura que se encuentra en Efesios 2:10, "Porque somos hechura suya, creados en Cristo Jesús para buenas obras, que Dios preparó de antemano para que camináramos en ellas" (NKJV). La relación de Brian con Cristo ha abierto la puerta de la salvación personal, la realización, la creatividad y el propósito. Esta historia está diseñada para recordarle al lector que esta experiencia está disponible para todos los que se atrevan a confiarle a Dios su pasado, presente y futuro.

¡Estoy emocionado con este libro! ¡Estoy muy emocionado con Brian O. Mohika! Este trabajo es un comienzo, no un final. Esto es lo que yo llamaría, el "primer capítulo" de una vida vivida para Dios. Estoy seguro de que habrá más capítulos de la vida de Brian en los años siguientes. Cuando conocí a ese joven energético y carismático, supe que había un potencial tremendo allí. Claro, la gran y amorosa personalidad de Brian tocará muchas almas con su historia. Tras esa historia está la historia de la redención de un Dios que miró más allá de sus fracasos y defectos, y desató el poder y la belleza que ya había puesto en su interior.

Un último pensamiento. Hablando de la "historia de fondo", ciertamente hay otra historia de fondo en la historia de Brian. Y es que nunca subestimes el poder de una madre que ora. Durante años su mamá, la Sra. Paulina López, oró y oró y a menudo pronunció palabras de fe y de aliento en el corazón, la mente y el espíritu de su hijo. Tal vez esta es una de las principales conclusiones del libro: ¡la oración es importante! Que nos tomemos esto a pecho y mantengamos en oración ante el Dios Todopoderoso todas las cosas que nos conciernen, y que tengamos una profunda fe en que nuestro Dios es capaz de personalizarse a sí mismo para cada uno de nosotros. El Señor lo hizo por Brian, y lo hará por ti.

Rev Rick Amendola
    New Life Christian Assembly of God
    Haverhill, MA

INTRODUCCIÓN

La doble vida que viví durante veinte años finalmente me alcanzó. Todo ese tiempo, estuve bebiendo y consumiendo cocaína el sábado por la noche y luego yendo a la iglesia y adorando a Jesús horas más tarde el domingo. ¿Alguna vez escuchó de alguien que tocó fondo antes de que finalmente tuviera un momento de regreso a Jesús? Bueno, me encantaría decir que fui yo. ¡Pero el problema es que no pude elegir cuál fue el punto más bajo que finalmente hizo el truco!

Cuando me preparaba para escribir este libro, sabía que tenía que empezar con mis orígenes. No sólo porque eso es lo que la mayoría de la gente hace en las biografías y en los testimonios, sino porque realmente necesitas ver el desorden de una persona que fui antes de que Dios me cambiara y me llevara a donde estoy hoy. No sólo porque tiene sentido cronológicamente, lo cual este libro seguirá en su mayoría, sino porque quiero glorificar a Dios con mis palabras y mi historia y llevarte a las profundidades de donde estaba cuando Cristo me encontró y me rescató. Necesitas ver dónde estaba yo en el fondo, tan vergonzoso y poco halagador para mí como eso es.

El Señor ha hecho cosas *asombrosas* en mi vida hasta ahora en mi corto tiempo en esta tierra. Aunque no soy de edad avanzada como muchas personas que escriben libros como este, eso no minimiza la cantidad de gracia que Él me mostró o las profundidades de la maldad de las que me rescató.

Pero mi historia no es una historia para glorificar el pecado o para mostrarte cuán podrido estaba antes de comprometer mi vida al Señor. Simplemente tenemos que empezar desde ahí para que puedas ver el cambio radical que Él ha hecho en mi. Yo solía burlarme de los cristianos. Me reía de la gente como mi nuevo yo. Solía pensar que toda la vida cristiana era una gran broma. Dios me abrió los ojos a esta nueva vida, este nuevo mundo, que ni siquiera está aquí en un sentido, la próxima vida.

Escribí un libro intencionalmente corto porque quería que fuera de lectura rápida y fácil para la mayor cantidad de gente posible. Sé que muchas personas no han llegado tan lejos como yo en cuanto a las drogas y el alcohol, mientras que también sé que muchos han estado y están actualmente atrapados en su esclavitud. Es mi oración que este libro pueda ser puesto en sus manos como un estímulo y una línea de vida. Si Dios puede hacerlo por mí, ¡también puede hacerlo por ti!

Comparto algunos detalles poco halagadores sobre lo que pasó en mi familia. Absolutamente amo a mi madre y a mi padre, y tengo una gran relación con ambos. No comparto nada de lo que sigue sin su permiso.

PRINCIPIOS

Mis padres se divorciaron antes de que yo tuviera tres años. Tengo cinco hermanas y no tengo hermanos. La adicción y el abuso del alcohol eran normales en la familia de procedencia de mi padre, por lo que él demostró los mismos comportamientos. Era muy abusivo con mi madre y fui testigo de muchos arranques violentos. Podría compartir muchas de estas imágenes que nunca he olvidado, pero los recuerdos son demasiado dolorosos.

Mi padre se crió en la República Dominicana. La disciplina de los niños era muy estricta allí, pero esto se consideraba la norma para esa época y cultura. Mis hermanas y yo fuimos disciplinados de la misma manera que él lo había sido. Mi árbol genealógico incluye a los bebedores excesivos, incluyendo también a mi madre. Mi papá la golpeaba mientras yo miraba. Viví con mi papá cuando mis padres se divorciaron, y a medida que crecí, luché con el manejo de la ira y los arrebatos violentos, que provenían de su influencia. Viví con él hasta los diecisiete años.

Hoy, mi padre es mi mejor amigo, y lo quiero mucho. Ya no es violento, y como dije anteriormente, tengo su permiso para compartir algunos de estos detalles con ustedes. Lo siguiente fue de conocimiento público en ese momento en nuestra comunidad. Él era el director de nuestra escuela secundaria y se encontró en una situación desafortunada que terminó mal para él y para nuestra familia. Como resultado, terminó pasando diez años en prisión. Por ese tiempo, me uní a la Fuerza Aérea y estuve asignado en el Reino Unido por los siguientes dos años. Creo que el mismo Dios me protegió del juicio de mi padre. Esto fue en 1996, antes del uso extensivo del internet, así que la mayoría de la gente obtuvo su información a través de los periódicos y las noticias de la radio y la televisión locales. Mi madre, que era adicta tanto al alcohol como al crack, entregó su vida a Cristo hace veinte años al momento de escribir este libro.

Visité a mi padre una vez al mes en la cárcel,

trayendo a mi hijo mayor conmigo. Hasta el día de hoy, le creo a mi papá cuando afirma su inocencia y que en realidad no hizo lo que se le acusó. Estaba en el lugar equivocado en el momento equivocado. Me confesó algunos secretos oscuros que mantuvo ocultos durante años, por los que creo que le tendieron una trampa.

Cuando tenía unos veinte años, mientras estaba en la fuerza aérea en el Reino Unido, perdí mucho tiempo bebiendo. Después de dos años, en 1998, volví a casa. A los veinte años, no sabía qué quería hacer con mi vida. Empecé a trabajar y a salir mucho de fiesta.

Este no es el final de mi historia porque obviamente sigo en mi camino. Amo a Dios, que es de lo que trata este libro. Dios ha restaurado mi vida. Ahora que estoy salvado, siento que he encontrado más alegría de la que nadie podría pedir. No puedo mantener la bondad del Señor escondida dentro de mí. Es como un fuego en mis huesos. Tengo que hablar del Señor y de lo bueno que es. La mejor manera de describirlo sería como encontrar gasolina por un dólar, ¿no se lo dirías a todos?

EL ALCOHOL Y LAS DROGAS

SOLÍA BEBER al menos cinco días a la semana, todas las semanas. En un momento dado, si no bebía durante dos días, parecía que habían pasado dos semanas. Hacia el final de esa parte de mi vida, sentía como si hubiera pasado un tiempo insoportablemente largo entre los tragos cuando en realidad sólo habían sido unos pocos días.

Hice muchas cosas estúpidas cuando bebí. No me metía en problemas cada vez que bebía, pero cuando me metía en problemas, había estado bebiendo.

No podía ni siquiera tomar un trago social porque no era un bebedor social. Era completamente todo o nada. No podía tomar sólo una cerveza o una copa de vino; tenía que destruirme por completo. Ahora en retrospectiva y con unos cuantos años de sobriedad, puedo ver este asunto por la completa falta de autodisciplina que era. No tenía mucho dinero en esos días, así que bebía la cerveza más barata y el ron más barato que podía conseguir. Tenía que tomar una cerveza, luego un trago; luego tenía que usar cocaína. Después de eso, necesitaba cigarrillos porque necesitaba fumar mientras consumía cocaína; luego necesitaba marihuana cuando se acababa la cocaína. Necesitaba tener todo un grupo de sustancias si empezaba en la dirección de la embriaguez. Cada vez sabía exactamente lo que necesitaba para llegar a donde quería estar.

No conocía los mecanismos de funcionamiento del cerebro humano bajo la influencia de los narcóticos y la adicción. Hay un término médico llamado "Descenso en la producción de dopamina" y esto es lo que sucede en el "centro de recompensa" del cerebro. Al liberarse un neurotransmisor (dopamina), tras la ingesta inicial de un estímulo, el cuerpo siente una fuerte sensación de placer y recompensa. El propósito biológico de este mecanismo es promover los comportamientos que sustentan la vida (como comer cuando se tiene hambre) provocando una sensación de placer cuando se produce el comportamiento requerido. Sin embargo, el alcohol y otras drogas que alteran el estado de ánimo generan artificialmente este efecto y lo hacen de manera más eficaz e intensa que las recompensas naturales. Según investigaciones, se ha constatado que las drogas de las que los humanos abusan habitualmente (incluyendo opiáceos, alcohol, nicotina, anfetaminas y cocaína) generan una reacción neuroquímica que aumenta notablemente la cantidad de dopamina que es liberada por las neuronas en el centro de recompensa del cerebro. El resultado de este exceso de dopamina es la sensación de estar drogado. El problema de la adicción es que perseguimos la caída inicial de la dopamina, algo que no sucede hasta que el cuerpo recupera el neurotransmisor y lo hace circular por las vías normales. Además, con el abuso crónico, los receptores de dopamina comienzan a disminuir, de modo que nunca más se obtiene el subidón original, sino que se pasa toda la vida intentando encontrarlo, aunque esto signifique dejar en ruinas todo lo que se posee y se ama.

Mi consumo de cocaína nunca progresó hasta el punto de vender ninguna de mis posesiones personales para comprarla ni tampoco robé nada para pagarla. En un momento dado, cuando vendí mi casa, tenía una gran suma de dinero en el banco, y compraba una bola ocho cada dos días. Si no estás familiarizado con el término, eso equivale a 3,5 gramos de cocaína o a un octavo de onza, también llamado bola ocho en términos callejeros. Podía usar una por mí mismo porque era así de normal para mí. La cocaína me daba la sensación de un nivel de superioridad, en mi mente, de que podía tenerla a mi alcance. En retrospectiva, ahora sé que en realidad era inseguridad e inferioridad.

Si estaba cortando la grama, llamaba a lo que estaba haciendo trabajo de jardinería, pero era para poder beber. Me ponía los audífonos y hacía el trabajo de jardinería y me emborrachaba. Le quitaba tiempo a mi familia. Me despertaba con resaca y llegaba al punto de vomitar casi todos los días. Como un reloj, era sólo una parte de mi rutina. Cuando iba a cepillarme los dientes, sabía que tan pronto como me pusiera el cepillo de dientes en la boca, tenía que vomitar. Así que me acostumbré a poner la pasta de dientes en el cepillo y luego a cepillarme los dientes en el inodoro para prepararme para lo que normalmente pasaba. Llegó el momento en que me tomaba una cerveza de camino al trabajo en el hospital para tratar de librarme de la resaca. Luego, al final de mi turno, no podía esperar a salir del trabajo para poder volver a beber.

Cuando iba a una cita para cenar con mi ex-esposa, cada uno tomaba un vaso de vino. La dejaba en la casa y luego, en vez de pasar tiempo con ella, me iba porque necesitaba seguir bebiendo. Siempre tenía una excusa, comocomo, por ejemplo, hacer la tarea o las historias clínicas de los pacientes o lo que se me ocurriera.

Le robé mucho tiempo a mi familia. Tenía resaca en los juegos de mi hijo. Entrenaba a los equipos de mi hijo medio borracho, pensando que nadie se daría cuenta. Esperaba que no detectaran el olor porque masticaba chicle o comía McDonald's en el camino. Sin embargo, esto no sirvió de nada; escuché que el alcohol sale de los poros. Realmente no creí eso, pero descubrí por mí mismo que es verdad.

Era muy desagradable en público. Si ahora viera al viejo Brian en público, probablemente le daría un buen puñetazo en la cara. Solía ser muy hablador con los labios muy sueltos. Me encantaba la vida nocturna, especialmente cuando regresaba del servicio militar. Apenas pasaba una noche en la que no saliera de fiesta con un amigo. Tenía un traje nuevo, iba a un club nuevo, al mismo club, al viejo club. No importaba; sólo salíamos.

A veces ni siquiera recordaba cómo había llegado a casa. Lo sabría por cómo estaba estacionado mi carro. Si estaba estacionado derecho, pensaba: "Supongo que pasé una buena noche". Si estaba estacionado torcido, pensaría: "Uff". Acostumbraba a conducir borracho todo el tiempo como si no fuera gran cosa. En ese momento, comencé a tener desmayos, que se hicieron más frecuentes y duraron más tiempo. A veces iba a los clubes y me gastaba todo el sueldo sin recordar lo que había pasado la noche anterior. Así que llamaba a mis amigos y actuaba como si no supiera lo que estaba pasando y les preguntaba cómo estaba la noche anterior.

Me decían: "Sí, hombre, ¿recuerdasrecuerda lo que hiciste?" Yo respondía con un "Oh sí, sí" y le seguía la corriente. Pero realmente no tenía ni idea de lo que estaban hablando. Estaba buscando información.Me quedé dormido en mi carro mientras estaba encendido más de una vez. A veces ni siquiera recordaba dónde estaba; me despertaba en las casas de la gente o de las mujeres, sin darme cuenta de lo que había pasado. Pensaba que todos estos comportamientos eran sólo parte de emborracharse. En ese momento, no me di cuenta de que estaba destruyendo mi vida. La alta frecuencia de esos desmayos debería haber sido una advertencia para mí. Cuando aumentan, ¡ya es hora de parar!

A la una o dos de la mañana, después de que mi noche de fiesta terminara, estaría bien despierto y seguiría tratando de alcanzar esa altura con lo que pudiera encontrar. A veces bebía vino de cocina porque no tenía más alcohol y la tienda de licores estaba cerrada. Trataba de ir a la cama y me quedaba acostado con mi ex-esposa a mi lado mientras estaba bien despierto. Mi corazón latía con fuerza, luchando contra los intentos de mi cuerpo de dormirse. En lugar de eso, me levantaba y me movía sigilosamente por la casa. Todo esto era muy poco saludable.

Una noche a finales de 2012, mientras escribía un

ensayo con algunos compañeros de clase durante mi segundo año de la escuela de enfermería, hice lo que normalmente hacía y me emborraché. Un bar cercano estaba a punto de cerrar en quince minutos, así que nos apresuramos. Cuando llegamos allí, compramos ocho cervezas cada uno. Me bebí todas las mías antes de la hora de cierre, una tras otra como si fueran agua. Era un comportamiento normal.

Después de eso, nos dirigimos a un restaurante de McDonald's cerca de mi casa. Odiábamos este lugar en particular porque tardaban demasiado con nuestra comida. Pero esta noche en particular, elegimos ir allí porque estaba cerca de mi casa y ya era tarde. Cuando llegué, me molesté porque nadie estaba en el drive-through para tomar mi orden. Esperé unos diez minutos en mi auto, esperando que alguien tomara mi pedido, tocando la bocina para llamar la atención de alguien. Pero nadie vino. Luego me dirigí a la ventanilla de entrega y llamé, todo el tiempo, sin tener en cuenta que la tienda había cerrado y que nadie vendría a servirme. Abrí la ventana con fuerza y grité "¿Hola?" varias veces, pero nadie respondió. Convencido de que nadie vendría, salí de mi auto y me subí a la ventana y comencé a hacer mi propia comida como si eso fuera aceptable. Cuando terminé, volví a mi auto con la comida combo recién hecha que me preparé y comencé a salir.

Mientras me alejaba, me di cuenta de que estaba olvidando algunas cosas. Así que puse el auto en reversa y retrocedí hasta la ventana del McDonald's. Cuando lo hice, me di cuenta de que acababan de llegar unos diez policías, e inmediatamente me tiraron al suelo y me arrestaron en el acto. Me acusaron de entrada ilegal, robo y de conducir bajo la influencia.

Esta experiencia fue el principio del fin. Terminé yendo a la corte y perdí mi licencia por cuarenta y cinco días. Tuve que volver a tomar los cursos de educación de conducir. El periódico local escribió lo que pasó, así que me echaron del programa de enfermería durante mi segundo año porque no puedespuede tener ningún cargo abierto contra ti mientras estás en ese programa. Me despidieron de la escuela hasta que terminó el período de probatoria.

El siguiente momento crucial en mi trayectoria antes de completamente tocar fondo llegó en marzo de 2013. Volvía a casa de un servicio de Pascua con mi familia, y descubrimos a unos cuantos hombres en nuestro patio robando madera. Vivíamos en una calle sin salida, y esto estaba en el borde de nuestro patio. Estas personas habían entrado intencionadamente en nuestra propiedad. Llegamos para encontrar a una joven tras el volante de un camión y a un hombre en el asiento del conductor de otro camión. Un tercer hombre estaba cortando la madera y tirándola en la parte trasera de uno de esos camiones.

En mi ira, salté de mi carro y me enfrenté a ellos.

"¡Oye, estás robando mi madera!" Desafié al hombre del hacha, sin pensar en lo que podría pasar en esta confrontación.

"No, esto es propiedad de la ciudad", respondió. Hubo una conversación de ida y vuelta entre nosotros, pero no la recuerdo bien. Salté a la parte trasera de la camioneta y empecé a tirar la madera en mi patio, diciéndole a mi ex esposa que llamara a la policía. Mientras lo hacía, el conductor intentó irse. Yo no quería caerme de la camioneta y hacerme daño, así que salté rápidamente.

Alcancé dos hachas en la parte de atrás del camión. Uno de los tipos me vio y le gritó al conductor: "¡Oye, tiene tus motosierras!" Se detuvo y estacionó el camión y se acercó mientras el primer tipo me quitaba una de las hachas de las manos. El conductor me agarró del brazo que tenía el otro y luchó por quitármelo. Se lo quité y mientras lo hacía se cortó el antebrazo, que empezó a sangrar.

En ese momento apareció la policía. El chofer le dijo a la policía que yo había empezado a lanzarle el hacha. El policía le creyó y me acusó de agresión con un arma mortal.

Mis problemas con la adicción al alcohol y mi correspondiente mala decisión debido al abuso de las sustancias, junto con los cargos de agresión violenta, prepararon el terreno para todo lo demás que siguió. Esto casi destruyó mi vida.

En 2001, tuve mi primer hijo, Osyris. Poco después de que naciera, empecé una relación con una madre soltera que trabajaba en la guardería donde lo llevaba. Tenía un hijo de dos años y una hija de seis años antes de que nos conociéramos. Empezamos en una relación sana, y los primeros tres años fueron muy agradables. Cuando empezamos a hablar de casarnos y mudarnos juntos, la relación cambió para peor. Yo la maltrataba y repetía el patrón generacional de mi padre. También seguí viviendo una doble vida, yendo a la iglesiaiglesia, pero sin hacer nada productivo con mi vida. Estaba cantando aleluya en la iglesia el domingo por la mañanamañana, pero estaba drogada y emborrachado a las seis de la tarde. "Un día lo dejaré", me prometí a mí mismo, pero ese día nunca llegó.

En 2007, se suponía que nos casaríamos. Nos dirigimos a México durante nueve días para una boda de destino, llegando allí antes que todos los invitados. Una noche, me emborraché mucho e hice el ridículo y me desmayé. Cometí un terrible error. A la mañana siguiente, mi prometida tomó a sus hijos y se fue y

10

canceló la boda. La familia, los amigos y la gente de mi trabajo habían bajado para la ceremonia, lo cual fue muy vergonzoso cuando todo resultó ser para nada. Quedaron totalmente en shock cuando les dije que se había cancelado. Me sentí como un fracaso total. Estaba tan deshecho y avergonzado. Salí a la playa la noche antes de regresar a casa, y mi plan era llorar a mares en una fiesta de lástima por mí mismo. Cuando me senté en la arena, miré al cielo nocturno y a todas las estrellas del Señor brillando sobre él. Ni una sola lágrima cayó de mis ojos. Sólo oré y oré y oré. Le dije al Señor, "Si quieres mi atención, entonces la tienestiene. Soy todo tuyo. Cuando regrese a casa no me quedará nada más que tú". Esa noche, le di mi vida a Jesucristo en esa playa de México.

Cuando llegué a casa, tuve que mudarme, conseguir mi propio apartamento, y comenzar mi vida completamente de nuevo. Cuando volví al trabajo, me sentí muy avergonzado porque un puñado de compañeros de trabajo habían venido para la boda planificada. Sabía que todos en el hospital se enterarían eventualmente a través de los chismes ya que se extenderían como un incendio forestal. Aproveché esta oportunidad para buscar al Señor lo mejor que pude, pero tan pronto como mi situación mejoró un poco, volví a mis viejas costumbres y a mi naturaleza pecaminosa.

La gente dice que cuando aceptas a Cristo, eres salvo

en ese momento, pero no sé cómo podría considerarme un cristiano viviendo de la manera en que lo hacía. No había nada de "cristiano" en mí. Yo solía decirle a la gente que era un cristiano, y ellos parecían confundidos ya que la forma en que me presentaba no se alineaba con mis palabras o acciones. Según algunas personas, ahora estoy completamente convertido en un discípulo y seguidor de Cristo; estaba pasando por el proceso de santificación. Creo que el proceso de santificación es real, pero todavía me pregunto si alguna vez acepté a Cristo de verdad si nunca tuve una vida transformada. Seguí viviendo una doble vida justo en otra completa pesadilla y caída. Con el tiempo me encontré en la misma posición: quebrantado, solo, temeroso, deprimido, borracho, drogado, derrotado y destruido.

Mi novia y yo volvimos a estar juntos con la condición de que dejara de beber. Le prometí que lo haría, pero en realidad nunca lo hice y sólo volvería al alcohol. Lo haría muchas veces en los años venideros antes de estar realmente sobrio. Pensaba que escondía bien mi adicción. Venía de un entorno que demostraba que la manipulación era un rasgo de carácter aceptado. Manipulaba todo, lo cual no es difícil porque, repito, venía de una familia de manipuladores.

Dos años después nos casamos y en 2010 nació mi hijo menor, Elías. Compramos una casa juntos. Un par de años después, Dios me dio una visión para la ropa interior de los catéteres mientras trabajaba en la radiología intervencionista. (Comparto más sobre esto en profundidad más adelante ya que es una parte importante de la historia de mi vida). Presenté la idea a un co-inventor, Héctor Arce. La idea fue recibida con entusiasmo y en 2013 se nos concedió una patente por ella. En octubre de 2013, nos pidieron que participáramos en un concurso de inventores en el que ganamos el favorito de los fans e incluso recibimos una gran ovación.

Ese mismo año, tuve un horrible accidente automovilístico. Si no hubiera llevado puesto el cinturón de seguridad, habría sido expulsado del carro. Sin embargo, quedé inconsciente. Cuando desperté, vi que el coche había rodado unos pocos cientos de metros y ahora estaba boca abajo, la parte inferior del vehículo en llamas. Me quité el cinturón de seguridad. Pude escuchar las voces de los transeúntes, pero luego me desmayé otra vez. Cuando volví en sí, la gente me estaba sacando del coche. Sufrí una fractura en la espalda y la clavícula. Me negué a ir al hospital. Como trabajaba en rayos X, sabía que no podían hacer nada para arreglar una clavícula fracturada. Así que me fui a casa y seguí bebiendo después del accidente. Cuando me desperté a la mañana siguiente, todavía no quería ir al hospital. Pero finalmente me convencieron y me hicieron una tomografía.

Me enteré de que la T7 de mi columna torácica estaba fracturada. El médico me explicó que la ubicación de la fractura se debía a la presión ejercida sobre ella durante mi casi expulsión del carro.

A pesar de mi crianza abusiva, un horrible accidente automovilístico, un cargo por conducir bajo la influencia del alcohol, una adicción al alcohol y las drogas de veinte años y un intento fallido de matrimonio, puedo ver en retrospectiva la mano de protección del Señor sobre mí. Él todavía tenía más que hacer, y hasta ahora, no estaba ni cerca de poder cumplir con mi asignación celestial.

EL DIVORCIO

DEJANDO DE LADO LOS DETALLES, todo cambió en mi vida el 4 de enero de 2014. Recibí muchísimos cargos criminales que fueron desestimados dentro de los 9 largos meses que siguieron a las comparecencias tras comparecencias en el tribunal. Las cosas negativas que se dijeron de mí comenzaron a perder ímpetu y se me dio la oportunidad de empezar de nuevo. Recuerdo la voz y el tono del juez cuando el fiscal decidió retirar los cargos luego de no disponer de mucha evidencia relativa a ellos. El juez sonó tan decepcionado de que me dejaran ir y yo sentí un gran alivio cuando salí de la sala del tribunal.

Todos mis asuntos se hicieron muy conocidos y mucha gente hablaba de ello. Había amigos con los que crecí que hablaban mal de mí y a mis espaldas. Esto fue algo muy difícil de manejar y tuve que aprender a amarlos a través de este proceso cuando los veía en la calle, me sentía extremadamente avergonzado. Durante esta etapa, entré en una depresión profunda y oscura.

No quería salir de la casa de mi madre más de lo necesario. Solamente iba a trabajar durante ocho horas y luego volvía a casa. Debido al estrés que sufría, estaba fumando dos paquetes de cigarrillos al día. Perdí casi cincuenta libras de peso, adelgacé mucho, y no estaba muy saludable. Mi uniforme de trabajo me quedaba demasiado grande, y me veía como un niño grande vistiendo uniformes de adulto. Estaba tan deprimido y distraído que jamás se me pasó por la cabeza la idea de comprar nuevos uniformes que me quedaran bien. No podía pensar ni actuar.

No culpo y no culpé a nadie por la situación en la que me encontraba en ese momento. Todo eso lo podría haber evitado con facilidad si no hubiera sido un bebedor empedernido con un intenso hábito de cocaína que incluía una mecha corta la cual llevaba a un temperamento violento. Decidí confiar en el Señor todo el tiempo y mirando hacia atrás, esta fue una herramienta que el Señor usó para hacer crecer y fortalecer mi fe en Él. Fue un período muy oscuro para mí, y todas las cosas que pasaban por mi cabeza más la vergüenza que sentía era más de lo que podía soportar. Por eso amo al Señor. Él quitó toda la vergüenza de mi vida, puesto que yo confié en Él.

Durante estos tiempos específicos hubo un momento en que todas las fichas se apilaron en mi contra. Una noche, cuando verdaderamente sentía la pesada carga de todo esto sobre mis hombros, me encontré en posición fetal en el suelo de la casa de mi madre, rogándole a Dios que se apiade de mí.

"Dios, tú lo sabes todo. No hay nada que te sea oculto. Eso es lo que dice tu Palabra", le recordé. ¿No es interesante cómo cuando estamos en problemas, nos sentimos empujados a recitarle a Él sus atributos y las promesas que ha hecho en la Palabra escrita? "¡Por favor, por favor, no dejes que termine en la cárcel!" No dejé de llorar. Le hice una promesa, ya sea precipitada y apresurada o con motivos puros, sólo Él sabe - que si me rescataba de todo esto, dejaría de beber. El 22 de septiembre de 2014, todos los cargos fueron retirados y adivina qué hice para expresar mi aprecio por el Señor. Continué bebiendo y consumiendo más y más cocaína con el dinero que tenía en mis ahorros de la venta de la casa.

Así que me fui a casa de mi madre, en este momento, y empecé a vivir exactamente la misma vida que antes.

Me inscribí de nuevo en la escuela de enfermería en enero de 2015 y continué con mi abuso de sustancias con dinero en el banco. Estaba manipulando a la gente de nuevo. Lo peor fue que esta vez le dije a la gente que había dejado de beber, pero que seguía haciendo lo mío. Seguí rogando a mi ex-esposa que regresara. Tenía una fe increíble, aunque en ese momento todavía bebía y consumía drogas.

Regresé a la escuela, pero también fui profundamente arrogante. Tenía dinero del accidente que tuve en 2013 y de la venta de la casa que había compartido con mi ex esposa. Sin embargo, aparte de ir a la escuela de enfermería, empecé el año 2015 festejando y me compré un auto nuevo mientras trabajaba para pagar todas nuestras facturas y continuaba mis intentos de recuperar a mi ex esposa.

Aunque los cargos en mi contra fueron retirados en septiembre, mi vida sólo empeoró a medida que me descontrolé más y me fui a la bebida, las drogas y las fiestas.

En ese momento, mi madre llegó a casa del trabajo y me encontró en posición fetal, llorando después de que el divorcio se finalizó. Me di cuenta de que mi ex esposa había seguido su camino con otro hombre para siempre. Mi madre empezó a echármelo en cara mientras yo estaba allí en el suelo. Yo estaba exactamente en el mismo lugar donde había llorado cuando le hice mi voto a Dios de estar sobrio si retiraba los cargos.

"Sigues llorando porque nunca cambiaste. Nunca cumpliste la promesa que le hiciste a Dios. Le prometiste que, si retiraba todos esos cargos, dejarías de beber, y nunca lo hiciste". También me dijo otras cosas, pero ese fue el punto esencial.

En ese momento, una bombilla se encendió y le dije: "Oh, vaya. No me di cuenta de que Dios estaba escuchando". Mi abogado incluso había admitido que fue un milagro cuando se retiraron los cargos. Nunca había visto ese tipo de cargos eliminados en toda su carrera de treinta y tres años. Me dijo que se sorprendió al verme salir del tribunal como un hombre libre. Sin embargo, aquí estaba yo, no honrando la promesa que le hice al Señor y volviendo al viejo estilo de vida que estaba viviendo cuando hice ese voto, cavando mi hoyo más profundo.

El Señor me recordó esto a través de mi querida mamá.

Creo que una de las cosas más hermosas en esta vida es ver a Dios convertir algo negativo en algo positivo. Estaba seguro de que no me iba a divorciar. Mi fe por mi matrimonio era muy fuerte. Hoy creo que mi fe en Dios es muy alta porque Dios vio cuánta fe tenía en Él, incluso cuando no parecía que mi situación fuera a resolverse. Yo todavía creía, aunque terminé divorciándome. Dios todavía conoce mi corazón y sabe cuánto creí en su habilidad de cambiar la situación de mi vida. Me habría cortado el brazo en una apuesta diciendo: "No hay forma de que Dios permita que este divorcio ocurra". A pesar de que no resultó como yo creía, Dios convirtió lo negativo en positivo. Él vio y me mostró cuánto había puesto completamente mi confianza y fe en Él y me mostró cuánto mi relación con Él se había profundizado después de que Él reconcilió mi vida con la suya.

También tuve una fe inquebrantable en que volvería a estar con mi ex esposa. Uno de los primeros pasajes de las Escrituras que aprendí y memoricé fue Joel 2:25, que es un versículo sobre la restauración de Dios. Creí en la promesa que decía que Dios restauraría lo que las langostas habían comido, y la apliqué a mi propia vida. Aunque todavía no había entregado mi vida a Jesús completa e incondicionalmente, había empezado a memorizar Escrituras como esta.

El diablo usaría eso contra mí y me atormentaría. "Vamos, Dios restaura, ¿verdad? Él va a restaurar tu familia, ¿verdad?" El diablo me recordaba las circunstancias naturales y cómo no se parecían a lo que yo sentía que Dios me había prometido.

Seguí rogando a mi ex-esposa que volviera a mí. Tenía una fe increíble, a pesar de que todavía bebía y consumía drogas. Creía en Dios para la restauración completa de nuestro matrimonio, pero aún así manejaba las cosas de manera horrible. Básicamente la acosaba; la llamaba excesivamente por teléfono. Averigüé dónde estaba o dónde iba a estar para poder aparecerme al azar. Fue muy poco saludable. Escuché al diablo diciéndome: "Ella va a regresar. Sólo tienes que perseguirla. Recuerda la promesa de Dios". Dios prometió que Él restauraría, pero Él me restauró a mí. Aprendí que Él restaurará lo que Él quiere restaurar, cuando y como Él quiera, no lo que yo quiero que Él restaure. Así que, en retrospectiva, Dios restauró. Él restauró mi relación con Él, y me restauró a mí.

Ya iba por el segundo año en un programa de enfermería de cuatro años. Aunque tuve que abandonar debido al caso presentado en mi contra, todavía estaba seguro de que volvería al programa en 2015, lo cual finalmente hice.

También tenía grandes esperanzas de que tal vez el divorcio no se llevara a cabo porque mi ex esposa había dejado que los documentos de divorcio expiraran. Pero ella volvió a presentar los papeles. Finalmente nos divorciamos en agosto de 2015.

Mi vida estuvo en un estado de depresión durante tres años, de 2014 a 2016. Durante ese tiempo, me metí en las redes sociales como todo el mundo y traté de reparar mi imagen. Empecé en Instagram y fui absorbido por las publicaciones sobre cómo convertirse en enfermero y publiqué actualizaciones materialistas sobre la ropa que había comprado y mi nuevo carro. Mi feed de Instagram reflejaba una existencia superficial y actividades sin importancia en mi vida. Como muchos de los que publican de esta manera, me sentía muy inseguro porque no sabía quién era. Todavía no entendía qué es la sangre de Cristo que quita la vergüenza y da vida. Todavía no sabía acerca de la vida eterna como lo sé ahora. Pensé que este era el fin de mi vida y que así es como me iba a ir.

Los síntomas de la depresión son muy reales. Son pesados, demoníacos y opuestos a Dios. Jesús vino a dar vida en abundancia, y Dios es el Padre de la luz. Él cambió toda mi vergüenza y depresión, y ahora esas cosas son combustibles para que yo sirva a Dios. La Palabra de Cristo me liberó tanto en el sentido físico como en el espiritual. Todo el dolor y todo lo que pasé me ayuda a tener la fuerza para predicar. Dios lo usó todo e hizo la belleza de mis cenizas y la fuerza de mi debilidad. Me dio una vida nueva, tal como dijo que lo haría en una visión que tuve más tarde en la sala de casa.

Necesito retroceder y aclarar algo sobre mi divorcio. A pesar de que había firmado los papeles y acordado el divorcio, seguía amando a mi ex esposa y no había terminado con nuestro matrimonio. Todavía tenía fe y esperanza en que la situación cambiaría. La vi después de los procedimientos y me puse de rodillas y supliqué por otra oportunidad. Me dijo que el alcohol era un factor de ruptura. No tenía ninguna confianza en que yo dejara de beber. Le dije que lo haría, y por un tiempo, lo hice de verdad. Pero un día, ella vino a mi casa a dejar a nuestro hijo, y no pude dejar que me viera la cara porque tenía resaca. Me preguntó por última vez si estaba bebiendo, y le confesé que sí. Así que eso fue todo.

Pasé por muchos pensamientos oscuros, emociones y otras experiencias horribles, pero quiero respetarla y no darle al diablo ningún crédito que no merezca. Pero diré que tuve pensamientos suicidas e incluso homicidas. Empecé a tener visiones de cometer crímenes horribles y de hacerme daño a mí mismo y a otros. Fue entonces cuando supe que estaba en peligro. En esos días, también pude haber llenado algunos tanques con las lágrimas de dolor y pena que derramé. No podía dejar de llorar. En el trabajo, podía aguantar cuando estaba con los pacientes, pero tan pronto como estaba fuera de su vista por unos pocos segundos, dejaba que las lágrimas fluyeran. Luego me limpiaba la cara y me daba la vuelta para ayudarlos a acomodarse. Tan pronto como tenía otro momento libre, las lágrimas volvían a fluir. Era un hombre quebrantado y fácilmente perdí cincuenta libras en esos primeros meses.

El mismo día en que finalizó mi divorcio, al salir de la sala del tribunal, mi primer hijo, Osyris, me llamó a mi teléfono celular. Me dijo que su madre lo había echado de casa y que estaba en casa de su abuela (mi madre), donde yo me estaba quedando en ese momento. Esto fue obviamente un punto brillante y alentador debido a las dificultades en la relación entre su madre y yo. Había luchado por verlo a lo largo de los años, y ahora finalmente iba a vivir con él. No había preguntado ni orado específicamente sobre esto, pero Dios orquestó este giro de los acontecimientos. Creo que el Señor me dio a mi hijo porque sabía que estaba a punto de pasar por el fuego. Doy gracias a Dios por mi hijo porque no quería que me viera bebiendo. Quería romper esa maldición generacional. Quería detener el alcoholismo en mi familia. Sabía que, si rompía mi promesa una vez más, le estaría mostrando a mi hijo que está bien romper las promesas que le haces a Dios.

En los meses posteriores al divorcio, la vida fue increíblemente difícil, y muchas veces quise beber. Esa voz me susurraba al oído: "Está bien; él está dormido. Ve a tomar algo, no lo sabrá. Estarás sobrio cuando te vea". Yo les decía que no a estos impulsos. ¡Quería mostrarle que cuando te comprometes con Dios, lo mantienes!

Una noche, en uno de esos momentos intensos en los que quería aliviar la agonía que experimentaba y tomar un trago, apareció Jesús. Se acercó a mí y dibujó un círculo alrededor de mi cara con su mano. Cuando lo hizo, le dije: "Señor, no quiero quitarme la vida". Dije esto porque seguía viendo en mi mente a mi hijo despertando y encontrándome en un charco de sangre. No quería hacerle eso. Mi padre me dijo que no se había suicidado cuando lo condenaron y fue a la cárcel porque sabía el impacto que tendría en mí, su hijo. Me dijo que, si se hubiera matado, yo también me mataría algún día. Juré que no me suicidaría porque sabía que el ciclo continuaría, y tampoco quería que mi hijo se suicidara algún día.

Me dije: "Brian, estás siendo egoísta. ¿Te metiste en este lío y ahora te quitarás la vida y dejarás a tu hijo solo? ¡Eres un b*****o tan egoísta!" No dejaba de visualizar su cara e imaginarle encontrándome muerto en un charco de mi propia sangre. Era insoportable.

El Señor me dijo que entrara en mi habitación y cerrara la puerta donde me acosté en el suelo. Escuché a Dios decirme: "Dime todo lo que has hecho. Pasa por toda tu vida". Eso es lo que hice. Pasé por cada momento que recordé de mis años de adolescencia hasta ese día en mi dormitorio lo mejor que pude. Cada vez que trataba de culpar a alguien más, Dios me decía: "No, no, no. No me hables de nadie más. Sólo háblame de ti". Luego recordé lo que dije e hice, lo que traté de ocultar o manipular. Siempre que olvidaba y comenzaba a culpar a alguien más o cuando comenzaba a dar excusas por mis acciones, Dios me empujaba suavemente a tomar responsabilidad por mis propias acciones durante este juicio divino con Él.

Me encanta que Dios haya hecho esto esa noche. En su interrogatorio, Él me hizo enfocarme sólo en mi propio comportamiento y acciones. Pude ver claramente, como nunca antes, cuánto alcohol había jugado un papel clave en cada uno de estos momentos cruciales de mi vida, comenzando cuando empecé a beber a los diecisiete años.

Cuando este tiempo terminó, salí de mi habitación y me senté en el sofá de la sala. Tuve esta profunda revelación en la que pensé: "En realidad voy a dejar de beber ahora".

Fue entonces cuando Jesús vino a mí. Lloré y le dije al Señor: "¡Por favor, deja de hacer lo que estás haciendo! No puedo soportarlo más".

El Señor me dijo, "Si no dejas de beber, voy a hacer más".

En eso, le rogué que se detuviera. Él respondió diciéndome: "Esto es todo, Brian. Tengo más".

Dije: "Señor, he tratado de dejar de beber tantas

veces, y no pude hacerlo". Fue entonces cuando dibujó ese círculo alrededor de mi cara. La punta de su dedo estaba más cerca de mis ojos que el resto de su mano, casi en 3-D. Él siguió haciendo círculos de izquierda a derecha, y me dijo: "No puedo trabajar contigo en esta condición. No encajarás en lo que estoy tratando de hacer mientras tu mente esté nublada. No puedo trabajar con las personas de esa manera".

"¡Señor, no puedo hacerlo! He tratado de dejarlo tantas veces antes", respondí, llorando.

"Sí, puedes", respondió el Señor.

"¿Cómo lo sabes?" Yo pregunté.

"¡Porque ahora voy a darte mi Espíritu!"

En ese momento, cruzó la calle y se dio la vuelta. Estaba de parado al lado de un árbol. Era casi como si esperara que yo viniera a Él. Me dijo: "Si cruzas esta calle, yo me encargaré del resto. Pero no voy a quitarte las drogas y el alcohol. Tendrás que hacerlo por tu cuenta".

Él siguió señalándome para que viniera, y yo sabía en mi espíritu que cruzar la calle significaba que estaba cruzando hacia la sobriedad. Al día siguiente, me emborraché una vez más, y me sentí más bajo que bajo. Lloré y oré y clamé a Dios y le dije: "¡Ya no quiero esto!" Eso fue todo.

Al recordar esto mientras escribo, estoy tan enojado

con el diablo: tan enojado que me engañó y me hizo lastimar a mi familia y obtener el divorcio. Me engañó para que pensara que la única manera de vivir el resto de mi vida era como un borracho. Pensé que eso era todo, pero Jesucristo me dio esperanza. Ahora sé que hay otra vida. Yo la vi. Dios me mostró el reino de los cielos. Salí afuera por seis meses seguidos, y pude verlo en el cielo. Puedo verlo mejor por la noche. Conozco su color, ubicación y tamaño, y lo comparé con la Escritura. La única razón por la que creo lo que veo es porque la Biblia habla de ello. Es por eso que ahora voy tan arduamente por y tras Jesús.

Cuando cumplí siete días de sobriedad, fui a una noche de testimonios por primera vez en mi iglesia. Interesantemente, fui con uno de mis mejores amigos, Medwin Melendez, quien también era mi compañero de bebida, pero casi no vino. Agarré el micrófono y les dije a todos los que estaban allí que ya estaba cansado y harto de estar cansado. Entonces, literalmente dejé caer el micrófono, me puse de rodillas y dije: "¡A partir de este día, estoy libre"! ¡Soy libre!" No volví a beber después de esa noche.

He estado sobrio desde el 26 de septiembre de 2015. Al momento de escribir este libro, han pasado tres años y medio de sobriedad completa, así como de estar libre de todas las drogas que solía consumir, incluyendo el cigarrillo. ¡Gloria a Dios! El Señor se encargó de todo. Hizo todo lo que dijo que haría. Todavía sufro algunas de las consecuencias y estoy resolviendo problemas de mi antigua vida. Soy un hombre santo porque el Señor dice que lo soy, pero me regocijo en el Señor, sabiendo que por lo menos, maté la cabeza de esa serpiente con Su ayuda. Ahora puedo enfocarme en las tareas más pequeñas del proceso de santificación.

La razón por la que la gente recae es porque no ven que los cambios se produzcan lo suficientemente rápido cuando están sobrios. Por ejemplo, alguien deja de beber y de consumir drogas durante 2 semanas, algo que es como toda una vida para el adicto, y espera que de repente todos en su entorno acepten a esta nueva persona. Cuando el adicto no ve ningún cambio en este corto período de tiempo dentro de las interacciones interpersonales, se instala la frustración y se racionaliza el regreso al abuso de la sustancia.

Tenemos que darnos cuenta de que si consumimos drogas y alcohol durante 5, 10 o 20 años, seguramente hicimos daño a mucha gente durante ese tiempo y no podemos esperar que se solidaricen con nuestra sobriedad tan solo después de 2 semanas de permanecer limpios. La cruda realidad es que el adicto sigue en una fase controladora aun queriendo que todos "vuelvan a la normalidad". La mente de un adicto quiere tener el control absoluto y por esta razón debes mantenerte sobrio durante no menos de un año para conseguir nuevos patrones neurales de pensamiento antes de poder aventurarte en nuevas relaciones. Mientras tanto, puedes permitir que las personas a tu alrededor sanen también y conozcan a la nueva persona en la que te estás convirtiendo. Es importante mantenerse completamente sobrio para poder tener una mente transformada de la manera en que el Señor diseñó que fuera.

Durante los primeros meses de mi sobriedad batallé mucho porque todo lo que tenía que enfrentar eran emociones crudas y no tenía nada para enmascarar el dolor. Al principio, no tienes la capacidad para resolver problemas y debes luchar a través de las etapas iniciales para apartarte del comportamiento adictivo comprendiendo que lo que el Señor tiene para ti no es temporal y durará más tiempo de lo que cualquier droga o alcohol puede generar. El gozo real y verdadero viene del Señor. Esta es también la razón por la que las personas recaen. La vida se vuelve muy real y no sabemos cómo afrontarla, todavía.

He conocido a gente que dice estar 100% sobria pero luego dirá que bebió un "sorbo" de alguna bebida en una fiesta o dejó los narcóticos y siguió bebiendo. La fecha de sobriedad es la última vez que estuviste íntegramente sobrio y si recaes deberás reiniciar la fecha de nuevo. No camines por ahí como un tablero de puntaje parlante contando los días. Esto le resta a la nueva vida y la convierte en un número del que puedes alardear. Aprende a ser un hijo de Dios y céntrate en el progreso del Reino de los Cielos. Así no te concentrarás en ti y te centrarás en el Señor, como debe ser.

EL EXAMEN DE ENFERMERÍA

ME GRADUÉ con honores en diciembre de 2015. Estaba tan orgulloso de este logro porque me había tomado dos años libres para tratar con todos los cargos criminales y había pasado por un divorcio difícil. Escuché repetidamente que nadie que abandona termina la escuela de enfermería porque es extremadamente difícil. Esto fue significativo porque sentí que, si podía graduarme de este programa después de todo lo que había pasado hasta ese momento, entonces podría hacer cualquier cosa que me propusiera. Creo que sólo alguien que haya muerto para sí mismo en este ámbito puede hacerlo, porque la escuela de enfermería cobra un precio muy alto en su vida. Aún sin las luchas, ¡es difícil! Por eso sirvo a Dios como lo hago: con tanta pasión e intensidad. Si Él puede ayudarme a superar eso, entonces Él puede ayudarme a superar cualquier cosa.

Mi reputación se vio increíblemente dañada después del año anterior, y toda la prueba me hizo sentir muy humillado. Fui tan arrogante en mi vida anterior. Era tan inseguro, pero no me daba cuenta. Ahora entiendo que la arrogancia es un encubrimiento de problemas muy arraigados que había tenido durante mi infancia, y los recientes acontecimientos de mi vida realmente hicieron que la arrogancia saliera a la superficie en todo lo que había hecho. Segunda de Corintios 12:7 menciona que Pablo tenía un mensajero de Satanás atormentándolo. Miqueas 7:19 también dice que Dios olvida nuestros pecados e iniquidades, pero yo creo que las consecuencias permanecerán. Las recordaba a diario. Isaías 66: 9 dice: "No permitiré el dolor sin producir un propósito", y Él convertirá para Su gloria, todo lo que el diablo trató para hacerme daño, (paráfrasis del autor).

Muchos rumores se estaban regando sobre mí dentro del círculo de amigos que yo pensaba que tenía. La parte más difícil era que no tenía a nadie que me creyera. Incluso mis padres dudaban de mí y me preguntaban repetidamente sobre las historias. Ahora veo que esta fue una gran oportunidad de Dios para tan solo buscar su aprobación. Aún así me costó mucho, pero fue mi culpa. Tenía algunos problemas de carácter graves que había estado negando durante años. Habían llegado a un punto crítico durante este tiempo de mi vida. Para ser honesto, todavía tengo luchas leves aquí y allá, pero el Señor me da la victoria sobre ellas. El Señor Jesús convirtió toda la caída en un plan maestro. He aprendido a aceptar mejor mi pasado. Amo a la persona en la que el Señor me ha convertido, y me doy cuenta de que no podría haber entrado en mi propósito si no hubiera pasado por lo que pasé.

Fue difícil porque, en ese entonces, no quería mostrar mi cara en ningún lugar en público. No dejé el apartamento de mi madre durante tres o cuatro meses. Pero Dios es un Dios de justicia, y en mi verdadera inocencia, me creyeran o no, Jesús hizo las cosas bien. Estoy muy agradecido por Xavier Veras. Ni siquiera conocía a este hombre, pero siguió entablando amistad conmigo. Un día le expresé mis sentimientos y me dijo: "Todo va a obrar a tu favor". No importaba lo que yo le dijera que estuviera pasando; su respuesta era siempre la misma. Un día me invitó a salir de casa para hacer un mandado. Me obligó a ir con él y me dijo que me sacaría del apartamento de mi madre si no iba. Fui, y mi vida empezó a mejorar desde ese día.

En febrero de 2016, no pasé el examen para la licencia de la escuela de enfermería, la primera vez que no había pasado un examen en mi vida. No me quedaba dinero y no sabía qué haría para sobrevivir. Había presupuestado todo ese dinero de la casa, pensando que pasaría el examen de enfermería la primera vez. Tenía dinero de un accidente de carro y de la venta de la casa en la que vivíamos. Mi mente estaba tan desordenada que no podía concentrarme, y todo mi enfoque estaba en lograr que mi ex esposa regresara. Era el examen más difícil que había tomado, y no lo pasé. Estaba muy asustado porque tenía la custodia exclusiva de mi hijo mayor Osyris, que tenía catorce años en ese momento y vivía conmigo. Tuve que recurrir a la asistencia social sólo para mantener la comida en la mesa. Esto fue realmente humillante porque el viejo Brian solía hablar muy mal de la gente que recibía asistencia social, y ahora yo estaba aquí, necesitándola yo mismo. Me encanta eso de Dios; Él sigue humillándome. Estaba llorando en la oficina de Welfare, mirando a toda la gente y viéndome a mí mismo como uno de ellos. Le di la gloria a Dios por lo que Él dice que es: un proveedor. Tenía una nevera llena de comida para mí y mis dos hijos. Gracias, Señor.

Tuve que esperar cuarenta y cinco días antes de poder volver a tomar el examen de licencia, así que lo tomé nuevamente en abril, pero no lo pasé por segunda vez. Todavía no tenía dinero y no conocía a nadie a quien pudiera pedirle un préstamo. En ese momento, quebrantado y humillado como estaba, clamé a Dios y le confesé que, si quería arrinconarme para que no tuviera nada de que depender excepto de Él, entonces me sometería a eso.

Creo que la razón por la que no pasé mi examen de enfermería era porque la única cosa que podía hacer era pasar tiempo con Él y seguir profundizando en Su palabra (y también en mis libros de enfermería) por unos meses. No vi nada de televisión ni perdí el tiempo en ningún tipo de entretenimiento. Él me colocó en un rincón donde tenía que enfocarme en Él y en su voluntad para mi vida. Estoy muy agradecido de haber fallado esos dos exámenes de licencia a pesar de que, en ese momento, no estaba seguro del rumbo exacto de mi vida. Necesitaba confiar en Dios aún cuando no podía ver lo que Él estaba haciendo en aquel momento. ¿Quién hubiera pensado que estaría escribiendo un libro sobre esta experiencia cuando decidí encerrarme en mi apartamento y buscar Su presencia?

Cuando se trata de mi pasión por estudiar esto, sé que no hay muerte en Cristo, pero el lugar donde pasarás la eternidad es importante. Somos seres espirituales que estamos teniendo una experiencia humana, no seres humanos que estamos teniendo una experiencia espiritual. Viviremos para siempre en uno de dos lugares: en el "Salón VIP" o en el "Salón Boom Boom". Por supuesto, me refiero al Cielo y al Infierno. Nos han mentido sobre nuestra identidad y nuestra razón de estar aquí en la tierra. El diablo es un gran mentiroso, y nos miente a todos, por eso muchos de nosotros no sabemos quiénes somos. Yo sé quién soy porque Dios me dijo quién soy en Su Palabra.

Sólo deseo hacer la guerra con Jesucristo contra las mentiras del diablo por el resto de mi vida, razón por la cual anuncio el evangelio con tanta pasión y determinación. Es una revelación de la verdad. Solía ser tan materialista y superficial. Pensaba que la vida consistía en tener un gran plan 401K y una casa enorme con hierba verde brillante, con rociadores y un garaje para cuatro vehículos con carros de lujo, pero me sentía inseguro y quería usar las posesiones materiales para cubrir mis inseguridades y mi oscuridad. Ya no me importan estas cosas, y cuanto menos me importan las cosas materiales, más me bendice Él con ellas. Es como la parábola de los talentos; simplemente cultivo lo que Él me da y luego se lo devuelvo a Él, a su pueblo y a sus iglesias. Todo es para Jesús. Sólo quiero hacer un impacto para Jesús mientras estoy aquí. Cuando llegue mi tren, quiero irme. Pero estoy desviándome del tema.

Cuando me mostró el reino de los cielos, vi un video de Todd White cantando en un aeropuerto a personas al azar que pasaban mientras él esperaba su vuelo. El Espíritu Santo lo usó para mostrarme esto: ¡Así es como se supone que debemos ser! Se supone que debemos ser externamente expresivos, y por naturaleza, me parezco mucho a ese evangelista. Se necesitaba mucha práctica para poder hablar de lo que Jesús estaba haciendo en mi vida sin que pareciera una jactancia. No sabía cómo expresarme apropiadamente o cómo decir las cosas cuando quería glorificar a Dios. Traté de glorificar a Dios con lo que decía, pero no podía compartir lo que quería decir de manera que parecía que me estaba glorificando a mí mismo. La gente pensaba que lo estaba convirtiendo todo sobre mí, lo cual nunca fue mi intención. He aprendido a evitar el uso de la palabra "yo" o " mi" cuando hablo del Señor para mantener el enfoque en Él cada momento. Puede ser que ponga atención a mí mismo, pero sólo para dar gloria a Dios. Tal vez esto era cierto, y en mi nuevo fervor, podría haber sido involuntariamente considerado como una auto promoción. Lo que Dios ha hecho en mí es como un fuego en mi lengua, y no puedo dejar de hablar de Jesús y de la bondad que Él desea proveer a aquellos que quieran rendirse a Su voluntad para sus vidas. Necesitaba un lugar para expresarme porque no podía contenerlo por más tiempo. Uno de mis pacientes fue la última persona que confirmó que el Señor quería que yo empezara a publicar videos inspiradores en Facebook, y decidí intentarlo. Terminó pagando grandes dividendos a favor del reino y el gobierno de Dios, pero me estoy adelantando con mi historia.

El 5 de julio de 2016, pasé el examen de enfermería -la tercera vez es la vencida, dicen- y abrí CathWear un mes después. Esto es muy importante porque, en 2013, cuando todavía vivía la doble vida de iglesia y adicto en el mundo, inventé y patenté este invento y le dije a Dios que, si lo crecía, se lo devolvería. No me di cuenta hasta más tarde en mi vida que los fuegos por los que pasé eran en realidad Dios ayudándome a cumplir el compromiso que le hice. Ahora, en el 2016, al otro lado de la liberación y la salvación, desde el momento en que empecé el negocio, me recordé de mi compromiso con el Señor tres años antes.

Poco después, impuse las manos sobre un edificio condenado cerca de donde asistía al colegio bíblico y oré para que mis inventos generaran ingresos para donar el dinero con el fin de arreglar la escuela y así poder usarla para avanzar en el reino y el gobierno de Dios. Oré para que cuando Él multiplicara CathWear, yo diera 1.2 millones de dólares a la escuela y la comprara, lo cual es una de las razones por las que creo que CathWear es el éxito que tiene hoy en día. En un próximo capítulo, explicaré más detalladamente el asombroso camino que ha recorrido este invento hasta ahora.

Merece la pena señalar otro detalle aquí mismo. En

2015, justo un mes antes de que se retiraran los cargos en mi contra, inventé un clip quirúrgico y lo vendí a Cook Medical, que se encuentra en Indiana. Todavía están trabajando en finalizar el diseño y venderlo en todo el mundo. De ese único invento, poseo tres patentes americanas y una europea. Ha sido increíble ver las puertas que Dios me ha abierto. CathWear ha tenido tanta publicidad sin siquiera gastar un centavo en publicidad. Hemos sido publicados en el periódico local; estuvimos en la portada de una revista, aparecimos en otra, fuimos entrevistados en la radio en dos ocasiones, y ganamos el primer lugar en un concurso de invención. La mejor parte es que todo es para que Jesús le dé gloria por restaurar mi vida quebrantada.

CATHWEAR

OBTUVE mi título en Radiología y durante un tiempo trabajé en Radiología Intervencionista. Quería inventar un dispositivo para ayudar a mi hijo menor, Elías, que era sólo un bebé. Estaba enfermo y tenía dificultad para respirar debido a la acumulación de mucosidad. Sonaba como si se estuviera asfixiando y me preocupaba que pudiera morir mientras dormía. Hacía este ruido de resoplido muy fuerte cuando trataba de inhalar. Un día, entré en la sala de operaciones donde trabajaba, encontré un equipo e hice un dispositivo similar a una succión para succionar la mucosidad de su boca con un largo sorbete. Estaba en modo de inventor y quería crear y patentar el diseño, pero cuando se lo mostré a su pediatra en ese momento, rechazó la idea. Me advirtió que necesitaría la aprobación de la FDA. Pensó que estaba demasiado cerca de la nariz del niño, y me desanimó de varias otras maneras. Ese mismo dispositivo se vende ahora en Walmart y tiendas similares en todo el mundo porque otra persona lo inventó y patentó. Aprendí mi lección y no iba a dejar que una idea o un invento que me inspirara se me escapara otra vez.

Esa temporada, cuando todavía estaba en la mentalidad de inventor, vi a un paciente con un catéter y una bolsa de pierna atada alrededor de la pierna con velcro o correas elásticas. Estas correas no eran seguras, por lo que la bolsa se movía hacia arriba y hacia abajo de la pierna. Los pacientes tendían a apretarlas demasiado para evitar cualquier momento de vergüenza de que la bolsa quedara expuesta a través de su ropa. El plástico de la bolsa de la pierna toca la piel, creando sudor e irritación de la piel. Las bolsas también aumentan el riesgo de problemas circulatorios. Además, las correas mismas se vuelven insalubres, creando infecciones por erupciones en la piel. Esto significa que no pueden usar pantalones cortos, faldas o vestidos en el calor. No pueden ir a jugar al golf, pasar tiempo fuera con su familia o hacer otras actividades. Las bolsas en las piernas reducen significativamente la calidad de vida de los pacientes. Por lo tanto, los pacientes se frustran porque a veces el exceso de tubos se remueve sin querer, y cuando lo sucede, deben regresar y hacer que se los reemplacen, lo que resulta en un retraso de su recuperación y tratamiento y en un aumento de gastos.

Un día, vi a un paciente entrar y bajarse los pantalones. Todos los tubos estaban por todas partes. El Señor Jesús me dio una visión de ropa interior como unos pantalones cortos con bolsillos para las bolsas de drenaje y agujeros para que los tubos se pudieran mantener fuera del medio. Sé que Jesús me dio la visión porque este invento es tan avanzado que es imposible que yo haya pensado en él por mi cuenta. Me encuentro con doctores con doctorado de Harvard que se han preguntado por qué no pensaron en este dispositivo o por qué nadie más lo pensó ya que es tan práctico.

Terminé presentando la visión a mi amigo Héctor Arce, y nos repartimos el costo de la patente. El 16 de julio de 2013, nos concedieron la patente. Poco después de eso, entramos en un concurso de patentes e invenciones y ganamos. Uno de los jueces del concurso tenía un bolso de pierna veinte años atrás y dijo que no podía creer que nadie hubiera inventado tal dispositivo puesto desde entonces. En ese momento estábamos en la escuela de enfermería, y la directora de enfermería también expresó su sorpresa de que nadie lo había hecho todavía, pero no le sorprendió que a un enfermero se le ocurriera la idea. Las enfermeras y los enfermeros ven estas cosas desde la perspectiva del paciente, lo que les permite tener una idea del tipo de atención que los pacientes necesitan. En ese entonces, aún no se nos había ocurrido el nombre de CathWear, y si recuerdo bien, lo llamábamos Drainage Partner. A finales de 2013, se nos pidió que cambiáramos el nombre, ¡y estoy seguro de que estarán de acuerdo en que CathWear es un nombre mucho mejor! Después de eso, mucho de lo que compartí anteriormente sucedió. A pesar de todo, CathWear se sentó en el estante durante más de dos años mientras yo salía de esa cueva y pasaba mi examen de licencia de enfermería.

Un mes después de abrir CathWear, me acerqué a mi amigo de la escuela secundaria Edwin Álvarez, a quien no había visto desde el 2006. La última vez que lo vi, le di lo que resultó ser una palabra profética. "Edwin, yo no sé qué es lo que hay en ti, pero siento que un día, vamos a trabajar juntos, y sea lo que sea, va a ser grande". El proyecto terminó siendo este.

Después de ganar el concurso de inventos, intentamos vender la idea, pero no pudimos generar suficiente interés en el diseño. Ahora veo la voluntad del Señor para el proyecto porque CathWear y muchas otras compañías están siendo usadas para inspirar a la ciudad de Lawrence, Massachusetts, durante estos tiempos de avivamiento. El diseño también está permitiendo que el nombre del Señor entre aún más en los sectores corporativos. El consejo que recibimos fue hacer crecer el negocio y luego venderlo una vez que hayamos creado un mercado para él. Personalmente no quería involucrarme en el aspecto comercial de dirigir una empresa, por mas extraño que suene. Quería trabajar directamente con los pacientes, sus familias y los médicos y centrarme en la venta del invento a través de charlas y presentaciones. Aprendí temprano en mi caminar con el Señor a identificar mis áreas de debilidad y a encontrar ayuda en esas áreas. En esa época, me encontré con Edwin, que también es cristiano, y le conté todo acerca de dónde estaba yo con el diseño y le mostré la patente. Él tiene su maestría en negocios, así que naturalmente hizo su investigación al respecto. De hecho, al principio intentó desacreditarlo; creía que era una idea brillante y práctica, por no decir obvia. Una vez que se enteró de ello, dijo que no había manera de que el producto no existiera todavía. Edwin pasó dos días tratando de encontrar una patente similar y no pudo encontrar nada ni remotamente cercano. Decidió unirse a la iniciativa cuando no encontró nada y se llevó el esqueleto de un plan de negocios que yo tenía. Simplemente lo siguió y me ayudó a convertirlo en una empresa internacional.

También estábamos trabajando en algunas ideas para un logo, y Edwin sugirió que se realizara un concurso en el Northern Essex Community College donde yo había obtenido mi título de radiología. El concurso fue similar al concurso de inventos que habíamos ganado; lo presentamos al departamento de diseño de computación y juzgamos todos los diseños de los estudiantes. Me seguía apareciendo la visión de una cruz en el logo. Iba a encontrar la manera de poner una cruz en el logo sin importar lo que pasara. De acuerdo al contrato, yo tenía la última palabra en cuanto a la imagen de la compañía. Lo único que quería hacer era dar gloria a Dios con cada parte de mi vida. Yo había comprometido el logo al Señor, aunque no sabía exactamente cómo se veía. Pero la cruz era importante, aunque fuera una marca de agua. Quería honrar a Dios con este negocio ya que Él me había dado la visión para el invento original. En 2013, cuando nos concedieron la patente, se la presenté a Dios. Como ya he mencionado, fue cuando le dije al Señor Jesús que, si Él hacía crecer este proyecto, entonces le compraría al Pastor Rick una nueva iglesia con él. Hasta mi entender, toda la pesadilla por la que pasé fue diseñada para ponerme en el estado de ánimo adecuado para que pudiera enfocarme en esta promesa que le hice al Señor, y a su vez, a la Iglesia Cristiana New Life y al Pastor Rick Amendola.

Recibimos muchas presentaciones de logotipos del concurso, pero a Edwin y a mí no nos gustaron mucho.

Edwin señaló uno con una cruz que le gustó. Yo estaba confundido porque no vi ningún logo de este tipo. Edwin no sabía aún acerca de mi visión del Señor del logotipo con una cruz, así que miré de nuevo el archivo PDF con los quince logotipos que habíamos recibido. Allí vi el logo que usamos hoy en día. Me quedé asombrado.

"¡Eso es!" Dije yo. Y para colmo, la mujer que lo diseñó tenía el apellido de Milagro. Decidimos usar su diseño para nuestro logo y seguir adelante con él. En ese momento, empezamos a viajar más y a hacer presentaciones sobre el producto y a hacer crecer el negocio. Ha sido un camino increíble hasta ahora, pero eso no significa que haya sido fácil. Esta compañía ha enfrentado muchos obstáculos y resistencia debido a mi implacable difusión del evangelio, compartir sobre Dios en las redes sociales y hablar de Jesús cada vez que tengo la oportunidad. Dios tiene esta compañía que me dio y me puso a cargo. Me veo a mí mismo como solo manejando lo que está frente a mí. Siempre he dicho que, si me pongo del lado del Señor Jesús, siempre caeré de pie.

Hasta ahora ha sido un trayecto maravilloso, pero eso no significa que haya sido fácil. Esta compañía ha enfrentado muchos obstáculos y resistencia debido a mi incesante esfuerzo por difundir el evangelio, compartir sobre Dios en las redes sociales, y hablar de Jesús cada vez que tengo la oportunidad. Dios posee esta compañía que me ha dado y me ha puesto a cargo. Me veo a mí mismo como un simple administrador de lo que está delante de mí. Siempre he dicho que, si me pongo del lado del Señor Jesús, siempre voy a caer de pie.

Un día, estaba en la ducha donde el Espíritu Santo me habla a menudo. En ese momento, había estado leyendo Efesios en preparación para mi primera prédica un domingo por la mañana. Iba a hablar en el capítulo seis sobre la armadura de Dios, en específico, el escudo de la fe. Este tema había estado en mi corazón por un mes.

El Espíritu Santo me dijo: "Oye, Brian, ¿recuerdas la cruz en el logo? Te la di".

Dije: "De acuerdo".

"Bueno, ¿qué pasa con el escudo?" Me preguntó.

"¿Qué pasa con eso?"

"Brian, el escudo en Efesios que estás estudiando ahora mismo." Esto iluminó algo en mí, ya ves, porque el escudo del logo siempre ha sido un bolsillo para guardar las bolsas de las piernas en mi mente, porque así es como se ve la ropa interior real.

"Ese es mi logo", explicó el Señor más adelante. "Esa es la cruz del Calvario y el escudo de la fe. Así que declaren que esta es una empresa con base cristiana". Esa fue una orden fácil de obedecer ya que siempre he querido tener una compañía con base cristiana.

Teníamos un gran número de tratos con militares que aún esperábamos y pensábamos que se habían vuelto obsoletos. No había recibido ni una sola respuesta. En ese momento, entré a Facebook y publiqué en la página de negocios de CathWear que era una empresa de base cristiana. Expliqué el propósito del logo y declaré que creemos en el Padre, el Hijo y el Espíritu Santo y que Jesucristo murió en esa cruz por nuestros pecados y que Él es el único camino al cielo. Expliqué además que el escudo representa la fe y que tenemos que poner nuestra fe en él para entregar un producto de la mejor calidad posible. Concluí el mensaje diciendo que independientemente de lo que venga a nuestro encuentro, continuaremos conduciéndonos con integridad y proporcionando el mejor producto posible y confiando en Dios con los resultados.

Publiqué esa actualización sin discutirla con ninguno de mis compañeros de negocios, pero esa era mi parte del contrato. Había negociado el contrato comercial para asegurarme de que siempre tendría el control de la imagen de la compañía porque quería asegurarme de que siempre podríamos glorificar a Dios en todo lo que hiciéramos. Como resultado, Edwin y yo discutimos durante dos días sobre la publicación. Él me dijo que no podía publicar eso y que estaba llevando esto demasiado lejos entre otras preocupaciones similares. Me señaló el peligro que muchas compañías sufren por llevar su fe puesta encima. Después de dos días, hicimos las paces por ello. Me disculpé por no habérselo comunicado antes de publicarlo en las redes sociales. Él respondió con lo siguiente, que parafraseo.

"No, ¿sabes qué, Brian? Para ser honesto contigo, creo que estoy celoso en cierto sentido. No tengo el valor de hacer lo que estás haciendo por Dios, y admiro eso de ti. No podría hacerlo, y parte de mi reacción es porque nunca he visto a nadie tan ardiente por Dios como tú".

Al día siguiente, después de reconciliarme con mi compañero de negocios, nos inundaron las respuestas de correo electrónico de los militares que habíamos estado esperando. Cada una de las instalaciones con las que queríamos hablar, pero no podíamos conseguir nos contestaron. Comenzamos a organizar reuniones y abrimos la puerta de par en par a los militares con CathWear.

Permítanme decirlo de nuevo: Cuando te pones del lado de Dios, todo sale bien.

COLEGIO BÍBLICO

ME INSCRIBÍ en la escuela bíblica en septiembre de 2015, sólo un mes después de estar sobrio, cuatro meses antes de que terminara la escuela de enfermería. En ese momento, no tenía ni idea de por qué lo hice. Simplemente me conecté al Internet y me inscribí. Hice un curso acelerado en la escuela de enfermería que terminé en diciembre de 2015 y no en el siguiente mayo como lo haría la mayoría de la gente. Después de graduarme, no tuve clases durante una semana y tampoco estaba trabajando. Sólo tenía unos pocos dólares en el banco y estaba aburrido. Por mucho que me quejara de la escuela de enfermería, como que la extrañaba. El Espíritu Santo me dijo, "¿Por qué no me das una oportunidad? ¿Por qué no vas a un colegio bíblico?"

Estaba un poco confundido y respondí: "¿Por qué iría al Instituto Bíblico?"

"¿Por qué no vas a ver qué pasa?" Él respondió. "Sólo inscríbete en una clase. ¿Qué daño puede hacer? Sabes que eres bueno en la escuela. Ya tienes dos títulos. Sabes cómo estudiar. Sólo inscríbete en una clase, Brian, y veamos qué pasa".

Decidí conducir hasta la escuela ya que no estaba haciendo nada en casa. Me inscribí en una clase e inmediatamente comencé a asistir a ella en enero. Llevaba cinco meses de sobriedad y estaba emocionalmente destrozado. North Point Bible College tiene servicios de iglesia todos los días escolares en el campus a las 11:00 a.m., así que fui de lunes a jueves sin falta. Había decidido sumergirme en la presencia de Jesús, y tenía el deseo de saber cómo era Él realmente. Quería saber si era todo un espectáculo. Quería ver cómo sería mi vida si le entregaba todo a Él. Quería saber lo que significaba ser un siervo de Cristo. Quería convertir todo lo que me había sucedido en una bendición positiva. Quería una vida nueva como dice Su Palabra. Así que simplemente me sumergí en la presencia de Dios. Solamente quería estar alrededor de Él. No podía dejar de leer mi Biblia, y no podía dejar de alabarle. Me apasiona tanto mi alabanza porque sólo quería conocer su bondad y verle sanarme. Seguí clamando y alabándole; seguí confiando en Él. A pesar de que estaba en quiebra financiera, seguía dando $40.00 por semana en ofrendas, lo cual, en ese momento, era una gran cantidad de dinero para mí. Sabía lo que era trabajar para el diablo y lo que era la oscuridad. Esta pregunta constantemente sonaba en mi cabeza: "¿Qué se siente al servir y vivir para Jesús?"

Hoy en día, sigo tomando clases, aunque en un colegio bíblico diferente, y sigo estudiando para ser pastor. Terminaré en aproximadamente un año después de la publicación de este libro. Dios nunca ha permitido que me enfríe en mi búsqueda de Él. Cada vez que algo negativo ha sucedido, cada vez que algo ha surgido, me ha empujado hacia Cristo. El diablo sobrepone su mano cuando se mete conmigo porque cada vez que me lastima, grito "¡Aleluya!" aún más fuerte. Cada vez que una puerta se cierra o alguien trata de molestarme, yo sólo alabo y adoro a Dios aún más. Predico más el evangelio; publico más fotos y comentarios inspiradores en Facebook.

Creo en alabar y adorar a Dios en privado y en público y en sumergirme en su presencia. He visto Su bondad y gracia en mi vida. No le doy ningún crédito al diablo. Nunca digo cosas como: "El diablo me está probando hoy". No tiene nada que decir sobre mi vida. Es un mentiroso y un acusador. Nunca hablo de él a menos que lo denuncie por su engaño. Sólo le hablo con las Escrituras. Es lo único que el diablo teme: A Jesús y a su palabra. Es una rata, y tomará cualquier publicidad que pueda conseguir, aunque sea negativa. Doy toda la gloria a Dios por cualquier cosa que pase en mi vida. Ya no veo nada tan malo o negativo. Todo lo que veo es la bondad del Señor en mi vida. Lo alabo porque es santo y digno. Elijo magnificar el nombre del Señor.

Todavía lucho, y el Espíritu de Dios me redarguye y me pregunta: "¿Por qué haces eso?" No soy perfecto, y Él no está buscando la perfección, pero hombre, ¡estoy tratando de hacer lo mejor para mantenerme caliente por Su gracia! La gente a veces hace comentarios como: "Estás caliente ahora porque acabas de empezar". Pero en el momento de escribir este libro, llevo cuatro años corriendo esta carrera sin reducir la velocidad.

EPIDEMIA DE HEROÍNA

EN EL 2018, la epidemia de heroína alcanzó un máximo histórico aquí en el Valle Merrimack donde vivo. Esta región consta de cinco o seis ciudades, y Lawrence es la ciudad más grande de todas ellas. En marzo de 2018, hice una serie de videos en Facebook con mi amigo Eric Diaz sobre esto. Compartí cómo los cristianos necesitan ponerse las pilas para proclamar el evangelio, y usé las palabras "epidemia de heroína". Siete días más tarde, después de publicar el último vídeo, el presidente Donald Trump vino y habló en esta región por televisión. Me sorprendió que declarara esto como una epidemia de heroína. Nos llamaron el centro de la epidemia de heroína, pozo negro y parada en la carretera de entrada a New Hampshire. El presidente de los Estados Unidos estuvo de acuerdo con lo que yo había estado diciendo en estos videos, confirmando que estas palabras eran de Dios y no mi propio mensaje.

Cuando escuché el discurso del presidente, me sentí muy frustrado de que a mi ciudad natal le estuvieran dando una patada en los dientes de esa manera, pero también escuché al Espíritu Santo decirme que "el escenario está listo". Nuestro libre albedrío y el pecado permiten que las circunstancias se vuelvan realmente malas. Dios convierte todas las cosas en buenas para los que le aman. Él usa estas situaciones para que Su poder pueda ser mostrado a través de la circunstancia. (Ver la historia del Faraón en Éxodo 1-14).

Al día siguiente, estaba en la cocina, barriendo el piso al azar, usando solo mi ropa interior y una camiseta, y los videos que el Espíritu Santo nos inspiró a hacer junto con el mensaje del presidente aparecieron en mi cabeza. Empecé a llorar y me invadió la ansiedad, pero también al mismo tiempo me sentí muy tranquilo. Es difícil de explicar; el Espíritu Santo estaba descargando información directamente en mi espíritu. El mensaje era para un video dirigido específicamente a los traficantes de drogas, proclamando que el Señor iba a liberar a los cautivos. Mi reacción inicial fue: "¡De ninguna manera!"

Barrí el mismo lugar una y otra vez mientras el video y las Escrituras estaban siendo iluminados en mi mente. Empecé a llorar y a hablar en lenguas, rogándole al

Señor que no dejara que esto fuera de Él y que sólo dejara que fuera mi imaginación. Seguí orando al respecto, diciéndole a Dios "¡No, no, no! Por favor, que esto sea mi propia idea tonta. Si fue mi idea, no se cumplirá. ¿Por qué me harías hacer eso?" Le pregunté repetidamente ese día y los días siguientes. Con todo lo que había pasado anteriormente durante mi dura prueba, quería estar seguro de que mis motivos eran puros. No quería que la gente viera el video y pensara: "¿Quién es este tipo y quién se cree que es? ¿No es este quien fue acusado de todas esas cosas hace unos años?" Cuando me di cuenta de que era mejor obedecer a Dios, empecé a pensar en cómo iba a estructurar los videos. Mi único deseo era hacer la voluntad del Padre.

Casi no hice el video porque tenía miedo. Dije: "No, Dios, lo haré la semana que viene". Y el Señor me sugirió: "¿Por qué no lo haces en el fin de semana de la resurrección, cuando yo estoy al frente de la mente de todos? Quiero que se haga ahora". Seguí tratando de encontrar razones para posponerlo.

Estuve llorando toda la semana. Sentía mucha ansiedad. Me sentí mal. Me preguntaba qué haría y pensaba que era sólo mi imaginación. Tenía ideas que flotaban en mi cabeza que tal vez no escuché realmente de Dios acerca de hacer el video, y en mi corazón, me resistía. Estaba en mi cuarto de oración donde pasé la mayor parte de mi tiempo desde que reconcilié mi relación con el Señor, y estuve orando en silencio por horas. No podía controlar mis lágrimas (y temores), pero sentí esta sensación de paz, así que supe que era la voluntad del Señor. Me recordó la Escritura en Hebreos 13:6, "Para que podamos decir con valentía: 'Jehová es mi ayudador; no temeré'". ¿Qué puede hacerme el hombre?"

Dos semanas antes de que todo esto sucediera, Chris Benítez, un hermano en Cristo, me llamó al Messenger de la nada y le preguntó si podía orar por mí. Me dijo que estaba leyendo un libro llamado *It's Happening Now* (*Está Sucediendo Ahora*) por Michael McDowell, el cual declaraba que cada vez que alguien menciona la palabra "avivamiento", esa persona necesita apoyo porque está recibiendo información directamente del trono de Dios.

El video profético fue publicado en mi página de Facebook el sábado 31 de marzo de 2018. El jueves anterior, el Espíritu Santo me habló y me dijo "Si haces esto, te daré algo". Si haces esto por mí, yo haré algo por ti. Si te decides en contra, todavía te amaré. Me has estado pidiendo una y otra vez que te use para hacer mi voluntad, y aquí está tu oportunidad. Me has estado rogando por una doble porción por más de dos años, y estoy listo para usarte". Eso fue todo, y dejé de llorar en el instante, y ya estaba listo. Llamé a los otros hermanos con los que haría este video. Les dije que estaba listo, y que era hora de moverse. Ya ni siquiera me preocupaba por hacer el video. Tuve paz, y empecé a mejorar el bosquejo que había estado preparando para usar, asegurándome de que todo en él estaba bien. También lo ensayé.

Chris me presentó a Weylin Vidal, otro hermano de una empresa llamada Kingdom Prints. Alrededor de este tiempo, Weylin estaba anunciando una pintura con la imagen de un león en ella. Dos meses antes, mi amigo Eric Díaz me había preguntado qué pensaba de este cuadro. Con toda honestidad, no me importó mucho el dibujo en sí ni vi lo que estaba escrito en él. Un día, Eric y yo fuimos a la oficina de Kingdom Prints, rogando a Dios que nos abriera las puertas y expandiera su territorio y sus operaciones comerciales. Como resultado, mi relación con Chris y Weylin comenzó a desarrollarse.

Para este video profético, Dios puso en mi corazón Proverbios 13:11 que dice: "Las riquezas de vanidad disminuyen; el que recoge con mano laboriosa las aumenta".

Dios comenzó a descargar más información en mi espíritu. Proverbios 28:1 dice: "El malvado huye cuando nadie lo persigue, pero el justo es audaz como un león". El Señor finalmente me dio el Salmo 20:7-9. "Estos confían en carros, y aquellos en caballos; mas nosotros del nombre de Jehová, nuestro Dios, haremos memoria.

Ellos flaquean y caen, mas nosotros nos levantamos y resistimos a pie firme. Salva, Jehová;

que el Rey nos oiga en el día que lo invoquemos".

En el video, planeaba pararme en el escenario del Common Park en Lawrence, Massachusetts, el viernes de esa semana y orar sobre él antes de ir allí el sábado por la mañana. Ese viernes, estaba ayunando - sin agua o comida todo el día - porque quería ser cubierto por la sangre de Cristo. Quería estar en la mejor forma espiritual. Sabía que estaría haciendo una declaración a un grupo de traficantes de heroína, y pensé que podría perder mi vida después de esto. Yo todavía no sentía ningún miedo y estaba en paz. Honestamente no sabía qué pensar o esperar si iba a librar una guerra espiritual a un nivel como este. Si lo piensas, fue muy extraño hacer un video como ese y pensar que era de Dios. Quiero decir, ¿quién hace eso? ¿Quién le dice a los traficantes de drogas que cesen y desistan? Mencionar al Señor a un narcotraficante que no es creyente es como mencionar al cuco.

Anteriormente le mencioné a Chris que iba a subir al escenario y orar a las diez de la noche del viernes de esa semana, pero me olvidé por completo de ello hasta que Chris me llamó. Recibí la llamada telefónica de él a las 9:30 p.m., preguntándome si todavía iba a ir. Acababa de llegar a casa de la iglesia y me estaba quitando la ropa cuando contesté. No tenía ni idea de por qué me llamaba. Vive a noventa minutos de mí. Me sentí avergonzada cuando me di cuenta de que había olvidado nuestro tiempo de oración y que por eso me llamaba. Chris fue paciente conmigo y me pidió que le hiciera saber si todavía iba a ir, y yo le respondí afirmativamente. Me apresuré, me cambié y conduje hasta allí para poder llegar a las 10:00 p.m. Puedo o no haber respetado el límite de velocidad, ¡sólo Dios lo sabe! Hablé con Chris por teléfono cuando iba para allá y me dijo: "Estoy aquí".

"¿Estás 'aquí' dónde?" Pregunté, un poco perplejo.

"Estoy aquí, en el escenario", respondió.

"Vaya, condujiste una hora y media para hacer eso, para estar ahí por mí?"

"Sí, quiero esto, Brian. Quiero que esto sea de Dios. Creo que este mensaje es de Dios". Me dijo esto porque yo le había mostrado notas y un resumen de lo que yo sentía que Dios se había propuesto que yo dijera en el video, y él estuvo de acuerdo.

Llegamos al escenario, y Chris me dijo que en el 2006, él, Weylin y un grupo de amigos oraron para que una palabra profética fuera hablada desde ese escenario. Quedé sorprendido cuando escuché esto porque él no me lo había mencionado antes.

"Brian, creo que esta es la palabra profética".

Con esto, empecé a llorar. Acababa de conocer a este

muchacho hace dos semanas, y acababa de llegar a mi vida porque me vio publicando videos en Facebook sobre un avivamiento que viene al noreste de los Estados Unidos.

Ni siquiera sabía de manera concluyente si estaba escuchando de Dios o no. Me sentía que sí lo estaba. Chris se lanzó a la acción y me dijo que lo que Dios había puesto en mi corazón era algo que Dios le había hablado muchos años antes.

Este escenario era el mismo escenario donde muchos artistas se presentaban durante el verano cantando música secular. En ese parque se bebe mucho y se usan drogas todos los días. La Palabra de Dios dice que tenemos dominio sobre todo porque somos sus hijos. La Escritura también dice que lo que declaramos en el nombre de Jesús, Él lo hará. Así que caminamos alrededor del escenario siete veces, y declaramos que era un altar para Jesús. Nos pusimos de rodillas en el suelo frío y húmedo y oramos antes de empezar. Oramos sobre el mensaje. Oramos por el avivamiento que vendría después. Oramos por la protección de cualquier arma que viniera a hacernos daño. Oramos para que el aire se despejara de cualquier fuerza demoníaca en contra de la voluntad del Padre. Tomamos nuestra legítima posición dentro del reino y gobierno de Dios, y eso sucedió. Esa noche, Chris puso sus manos sobre mi hombro y me dijo:

"Brian, Dios va a confirmar y afirmar este mensaje para ti una y otra vez. Porque estás haciendo esto por Él, Él va a hacer eso por ti. Él va a enviar una confirmación tras otra".

Continué ayunando al día siguiente, sábado, porque quería continuar con una mentalidad enfocada cuando grabamos el video. Quería mantenerme en la mejor forma espiritual y estar en línea directa con la voluntad del Padre. Otro hermano en Cristo, Joel Santos, se había acercado a nosotros y nos preguntó a Eric y a mí si podía unirse a nosotros en las etapas iniciales del avivamiento. Así que se unió a nosotros en la realización del video profético. Les pedí a Eric y a Joel que se pusieran fuera del cuadro porque no quería que sus vidas corrieran ningún peligro. Si el peligro llegaba, sólo quería que me sucediera a mí. Cuando les dije esto, ellos respondieron, "Hermano, sólo hazlo. No nos importa. Vamos a ir contigo". Fue un momento poderoso.

Hicimos un par de tomas fijas mientras Osyris, que ahora tiene diecisiete años, sostenía la cámara para ver cómo se vería todo, pero por lo demás era una toma única. Aparte de tomar algunos videos durante unos segundos para asegurarnos de que la cámara funcionaba y que se podía escuchar bien, no tuvimos rehacer ni repetir las tomas. El Espíritu Santo me dio palabras. Inspirado por Jesús, hice declaraciones a los traficantes de esta área que tenían siete días para cesar y desistir de lo que estaban haciendo. El Señor me dijo que dijera veinticuatro horas, pero yo le dije que no era suficiente tiempo para que el video circulara y para que su mensaje fuera escuchado. Cité los versículos de los Proverbios que Dios me había dado y declaré que Dios les quitaría el dinero de la droga como la primera ola de ataque (Proverbios 13:11). La segunda ola de ataque sería que la ansiedad y el pánico los vencería (Proverbios 28:1). La tercera ola de ataque sería la muerte de sus vidas porque estaban empujando a la muerte a la ciudad de Lawrence con la distribución de fentanyl y heroína. Mi declaración final fue que Jesús estaba enviando su Espíritu Santo para liberar a los cautivos.

En este punto, le pregunté a Eric, que sabe hebreo y griego y que también tiene un entendimiento asombroso de la Palabra de Dios, si el video tenía algo que no fuera bíblico o falso. Estaba muy preocupado por declarar algo falso o por darle a alguien algo para que se aferrara a él y lo criticara. Me miró y me dijo: "No, está bien. Creo que todo lo que has dicho en el video está en la Biblia. Sigamos adelante". Seguimos nuestro camino.

Si miras la sección de comentarios debajo del video en mi perfil de Facebook[1], muchas personas compartieron varios artículos que salieron. Todo sucedió dentro de siete días y en el orden que Jesús me dijo que lo dijera.

El día después de que hice el video fue el Domingo de Resurrección. Esa mañana, fui a la iglesia de mi prometida con ella y su familia. Nunca antes había escuchado un sermón en esa iglesia. Por supuesto, yo había estado allí con Eunice pero nunca había escuchado ninguna prédica. Esa mañana, un evangelista ciego de Los Ángeles habló. Mientras predicaba, dijo: "Habrá un avivamiento espiritual que vendrá a esta región. El Espíritu Santo vendrá y limpiará a Lawrence. Limpiará el área". La familia de mi prometida me tocó para asegurarse de que estaba escuchando esto porque mi mente estaba a la deriva debido a todo lo que estaba pasando. Cuando escuché la palabra "avivamiento", salté tan alto como pude y comencé a gritar "¡Aleluya!" como si alguien encendiera un fuego debajo de mí. Estaba asombrado porque ni siquiera habían pasado veinticuatro horas desde que publiqué ese video, y este evangelista lo estaba confirmando sin siquiera saber lo que yo había publicado. Estaba tan impactado por esto. Yo había dado un paso de fe completamente, declarando que Jesús estaba enviando su Espíritu Santo para liberar a los cautivos.

A principios de la semana siguiente, fuimos a la oficina de Weylin a orar. La pintura de un león estaba en la pared, la que Eric me había mostrado en Facebook y por la que me había preguntado. No lo había notado antes. Esta vez en la oficina de Weylin, me llamó la atención, así que le pregunté al respecto. Weylin me dijo que planeaba venderlo, que fue la totalidad de nuestra conversación sobre el mismo. Me fui después de concluir mi negocio allí.

Guardé esto en mi espíritu y sentí que el Espíritu Santo seguía diciéndome que revisara ese cuadro. Le envié un mensaje de texto a Weylin y le pregunté sobre un versículo de la Escritura que había notado en él. Pero él no lo recordaba y pensó que era un versículo de Proverbios. Regresé a su página de negocios en Facebook donde originalmente vi el cuadro porque el Espíritu Santo seguía diciéndome que lo revisara. El versículo era Proverbios 13:11, el cual trata sobre el dinero deshonesto que se está disminuyendo. Este era el mismo proverbio que el Espíritu Santo me había dado cuando estaba barriendo el piso de mi casa. En ese momento, sólo conocía a Weylin y a Chris desde hacía menos de tres semanas. Cuando Eric me preguntó si me gustaba ese cuadro, el Espíritu Santo me dio la Escritura para el video que grabamos el sábado anterior. Me emocioné mucho al ver que las confirmaciones estaban por todas partes y gritaba de gozo. Envié el cuadro del león con los versículos a los otros muchachos. Habíamos caminado completamente por fé y no teníamos idea de que realmente estábamos haciendo la voluntad del Padre. Fue asombroso ver a Jesús confirmar estos mensajes para mantenernos mentalmente en paz diciéndonos que esto era obra suya.

Un par de días después, Weylin me llamó y me dijo que sentía que tenía una palabra del Señor para mí que Dios iba a confirmar que era de él. En el momento de escribir esto, el video ha sido compartido más de setecientas veces y visto casi treinta mil veces. Nunca me imaginé que eso sucedería. Sé que el Espíritu Santo empujó y promovió ese video y causó que recibiera tanta atención. Los otros videos que he publicado sólo han sido vistos un promedio de doscientas veces.

La primera gran redada de drogas reportada en los medios de comunicación locales ocurrió nueve días después de que publicamos el video. Se incautaron más de 500.000 dólares en drogas, tal como dice el proverbio sobre la disminución del dinero deshonesto. Tenemos la opción de ver esto desde una perspectiva espiritual y ver a Dios en los detalles, colocando todos los puntos antes del video, o podemos decir que todo esto fue planeado por el hombre y dejar que el hombre carnal se lleve la gloria. Elegimos a Jesús. Decimos que de la misma manera que Jesús estaba trabajando en y a través de nosotros, también estaba trabajando dentro de la fuerza de policía.

A partir de ahí, parecía que casi todas las semanas se producían enormes redadas de droga en Lawrence y el Valle de Merrimack.[2] Incluso hubo informes de muertes de capos de la droga, tiroteos durante el día y asesinatos en aumento. La pérdida de sus ganancias tenía un efecto en cascada; muchos de estos narcotraficantes estaban perdiendo grandes cantidades de dinero, por lo que la tasa de criminalidad aumentó. Creo que esos asesinatos fueron la tercera ola de ataques del Señor. La segunda fue que los malvados huyen cuando nadie los persigue (Proverbios 28:1). No lo sé con certeza, y esta es mi opinión, pero creo que muchos de los que se vieron atrapados en este estilo de vida experimentaron miedo y ansiedad cuando escucharon y vieron las redadas y los ataques del FBI, así como los arrestos de los jefes y los grandes traficantes de drogas en grandes redadas. No puedo probarlo en lo natural, pero siento que muchos tuvieron miedo de ser atrapados ellos mismos, tal como Dios me hizo profetizar. Creo que Su palabra se hizo realidad, pero no tengo ninguna documentación o informes de los medios de comunicación sobre la segunda ola. Tanta actividad estaba ocurriendo en la región que sería imposible ser un traficante de drogas y no sentir una mayor sensación de pánico y ansiedad.

1. Puedes ver el video y los comentarios en este enlace:: https://www.facebook.com/100010469287019/videos/vb.100010469287019/596607280698243/

2. Como se ha mencionado, hubo muchos informes de redadas de drogas. Aquí hay algunos titulares y enlaces que se dejaron como comentarios al video que hicimos, todos los cuales se accedieron el 23 de abril de 2019:

   El hombre es condenado a 15 años de prisión federal por una red de narcotráfico con sede en Lawrence, Massachusetts.

   Fuente: https://www.unionleader.com/news/crime/man-gets-years-in-federal-prison-for-drug-dealing-network/article_7b14d185-e740-5a8f-9da4-d2d8754b8dd4.html

   Se desmantela la operación masiva de Lawrence que suministraba drogas a New Hampshire con 45 personas arrestadas, 60 libras de fentanyl incautadas

   Fuente: https://www.masslive.com/news/2018/04/massive_lawrence-based_drug_op.html

   La DEA hace redadas en varias localidades de Lawrence, hace arrestos el lunes temprano

   Fuente: http://valleypatriot.com/dea-raids-several-lawrence-locations-make-arrests-early-monday/

   La mayor redada de Fentanyl en N.H. fue trazada a la Red de Drogas de Lawrence

   https://www.nhpr.org/post/largest-fentanyl-bust-nh-traced-lawrence-drug-ring#stream/0

   9 personas arrestadas, más de 15.000 dólares en drogas incautadas en Manchester, NH

   Fuente: https://whdh.com/news/9-people-arrested-over-15000-worth-of-drugs-seized-in-manchester-nh/

   Redada de Fentanyl hace historia de NH

Fuente: https://www.eagletribune.com/news/new_hampshire/fentanyl-bust-makes-nh-history/article_c6efc8c2-4967-11e8-895b-e3c7507eddaf.html

Hay muchos más con los que podría enlazar, pero ya te haces una idea.

EL LEÓN Y EL ÁGUILA

DESPUÉS DE ESTO, empecé a escuchar sermones sobre águilas y leones por todas partes. Por ejemplo, me encontré con sermones en YouTube y los escuché. Simplemente hacía clic en él, y un predicador estaba desglosando cómo Dios se identifica con el león y cómo el león es el rey de la tierra. Él hablaría de cómo Dios se identifica con el águila, que es el rey del aire, y compartiría otro material inspirador e informativo. Aprendí mucho después de publicar el video hasta el final del año.

En Haverhill, la ciudad donde vivo en el momento de escribir esto, había un informe sobre un niño que murió, y me pidieron que hablara en un evento de paz. Dije que sí porque desde que me reconcilié con el Señor, hice un trato con Él de que diría que sí a cualquier cosa que alguien me pidiera, especialmente si su pueblo pedía algún tipo de ayuda. Yo quería servir a Dios, a mi comunidad y a todos los que me rodeaban de la mejor manera posible. Aunque quisieran que viniera y cortara su césped con un par de tijeras, aún así habría dicho que sí. Afortunadamente, rara vez se aprovechan de mí de esta manera, pero estoy desviándome del tema. Fui a hablar en este evento y no me di cuenta hasta más tarde que el periódico local, El Eagle Tribune, estaba allí.

Palabra clave: (Eagle) águila.

Después del evento, fuimos a otro edificio para tomar un refrigerio, y cuando salía, un reportero de noticias se acercó a mí, preguntando mi nombre. Le dije, y él me dijo que lo que dije durante el discurso en la Reunión para la Paz de Parar la Violencia fue poderoso. Esto me bendijo porque todo lo que hice fue repetir la Palabra de Dios sin compartir mis ideas. No estaba gritando o siendo súper emocional como suelo ser cuando predico o hablo en público. Estaba tranquilo y simplemente hablaba del amor de Jesús sobre la comunidad.

Mientras hablaba con este reportero, sentí que el Espíritu Santo me decía: "Ahora es el momento de conectar tus negocios durante esta conversación". El reportero me preguntó si yo era un pastor, y le dije que no, pero que era un estudiante en preparación para ser pastor. Durante esta breve conversación, mencioné que era un inventor, lo cual pareció interesarle aún más.

¿"Un inventor"? ¿Qué inventaste?"

"Unas cuantas cosas", dije, cuando empecé a contarle sobre CathWear.

¿"CathWear"? ¿Ropa interior? ¿A qué te refieres? ¿Como si fueras el dueño de la patente?" preguntó.

"Sí, también soy enfermero".

"¿Eres un enfermero?"

"Sí. También tengo mi título en radiología del Northern Essex Community College." La escuela estaba justo al final de la calle.

"¡Espera un momento! ¿Tienes una tarjeta de negocios?" preguntó. La tenía, así que saqué una y se la di. "Quiero hablar contigo. Quiero digerir esto. Necesito sentarme contigo y aprender más sobre quién eres y más sobre este invento. Mi familia creció en las fábricas de la industria textil, y si estás construyendo algo que va a volver a estas fábricas para que se abran de nuevo, quiero ser parte de eso".

Hablé con él un poco más ese día y fui a ser entrevistado en El Eagle Tribune. Terminó escribiendo un artículo bastante largo sobre CathWear, mi primero de muchos inventos.

Cuando entré en sus oficinas, me preguntó dónde me gustaría hacer las fotos. No sabía dónde instalarme, así que le pedí que escogiera un lugar ya que este era su territorio. Me sugirió que caminara alrededor del edificio y que buscara un lugar. Era después de las horas de trabajo, así que empecé a caminar. Elegí un lugar dentro de The Eagle Tribune. No tenía ni idea de que el fondo de la pared estaba bajo un enorme ala de águila. El diseño era una silueta abstracta, un enorme espacio abierto. Cuando le envié la foto a uno de mis amigos, gritó: "¡Brian, el águila!"

A finales de año, usé esa imagen como mi foto de fondo en Facebook. Cuando comenzó el 2018, quería tener esas dos fotos del águila y el león en mi perfil de Facebook. Le pedí al Señor que compartiera conmigo lo del águila y el león. Si buscas el artículo archivado que estaba en The Eagle Tribune, verás que constantemente menciono a Dios cada vez que hablo de CathWear.

Al final, el entrevistador me llamó por teléfono para hacerme una pregunta: "¿Por qué quieres ser un predicador?"

Me quedé un poco atónito y me quedé inmóvil, no porque no pudiera responderle o porque no lo supiera. Nunca me habían preguntado eso antes. Sentí que el Espíritu Santo me impresionó para decirle que quería esparcir la verdad de Dios. No dije la verdad, porque la verdad es subjetiva. Quería decir la verdad de Dios porque es objetiva; es innegable.

Esa visita a El Eagle Tribune es un ejemplo más de los muchos de ver águilas por todas partes. Fui a Atlanta a finales del 2018 a un evento importante para mostrar CathWear. No me di cuenta de que estábamos al otro lado de la calle del estadio de los Atlanta Falcons. Mientras conducíamos alrededor del estadio, noté un enorme halcón (o águila) y me tomé una foto con él justo detrás de mí. Esto fue significativo para mí porque este evento fue un éxito enorme, y el Señor abrió muchas más vías de negocios para nosotros en esta feria. El camino para hacer crecer CathWear ha sido sin esfuerzo, y es así como sé que este proyecto es respaldado por Jesús que es Dios.

#GODMANCE

DESPUÉS DE QUE grabé el video en el parque que el Espíritu Santo hizo a través de nosotros, fui considerado radical y no bíblico. Ciertamente puedo ver cómo la gente tendría esta percepción de mí ya que tuve un cambio drástico en mi vida. Si yo fuera ellos, pensaría lo mismo: que Brian sólo estaba en esto para obtener ganancias propias. En el cuerpo local de Cristo, pocos parecían querer asociarse conmigo después de que el video fuera publicado en la red y se difundiera. Fue una muestra muy poderosa de la habilidad del Señor para moverse en los corazones de los hombres. Su Palabra fue hablada claramente, y nunca volverá vacía. (Vea Isaías 55:11.) La gente estaba diciendo que el video estaba muy fuera de lugar y que yo me había convertido en un ridículo. Ciertamente no me sentí así ni he tenido nunca el impulso o la convicción de borrar el video. La paz del Señor estaba sobre mí durante este tiempo. Donde está el Espíritu del Señor hay libertad (2 Corintios 3:17). Fui a la bodega y pedí el desayuno justo después de filmarlo. De nuevo, porque había estado ayunando sin comida ni agua por más de 24 horas para asegurarme de que estaba tan cerca de mi forma espiritual dentro de Cristo como podía estar. ¡Yo tenía hambre!

Escuché las conversaciones. Para ser honesto con usted, a veces lucho con la ansiedad, así que fue un reto resistirla y no dejar que me afectara, pero seguí repitiendo la Escritura para el diablo que estaba haciendo todo lo posible por acosarme. Sé que el Señor me estaba dando la victoria sobre mi ansiedad. Después de ese encuentro de oración en mi casa el jueves antes de grabarlo, nunca más sentí ansiedad por ello. El video tenía cientos de comentarios y fue compartido por cientos de pastores de todo el noreste y de lugares tan lejanos como Florida. Un individuo mal informado acusó al video de ser basura de la nueva era y lo llamó un culto teológico metafísico. No tenía ni idea de lo que quería decir. Aparte de eso, ninguna persona se ha quejado hasta la fecha. Lo hice por el Señor, y le tocó a Él pelear mis batallas con respecto al video. Era mi trabajo ser obediente.

. . .

La epidemia de heroína continúa

En esta región hay mucha desconexión dentro del Cuerpo de Cristo local. Es principalmente muy territorial y muchos miembros no se asocian con creyentes de otras iglesias. Si hay un evento en otra congregación, entonces solo los miembros de esa iglesia asisten, y no es muy atrayente. Si usted invita a otras iglesias a sus propios eventos ellos no asisten o si lo hacen no publican ninguna foto en las redes sociales mientras están allí, como si fuera algún secreto.

Una iglesia local organiza una conferencia de hombres alrededor de junio de cada año. El evento se celebra dos horas al norte en New Hampshire. Asistí a muchas de estas conferencias cuando era miembro de esta iglesia y había reconciliado mi relación con Cristo. Después de 2 años, dejé esta iglesia y luego de haber publicado el video profético, me sentí inseguro de mi relación con los miembros y pastores de allí. Admito que no estoy seguro de si eso fue por mi cuenta o si el Señor lo había marcado en mí. Simplemente tuve la sensación de que a este pastor no le gustó nada el video porque no creen en los dones del Espíritu Santo que todavía operan hoy en día. Yo realmente quería ir a su conferencia de hombres y simplemente tener compañerismo todos juntos. Muchas de las iglesias aquí luchan con la división y se mantienen aisladas, y siento que Dios ha puesto en mi corazón el ser parte de la solución y no contribuir al problema. Creo que es por eso que se ven tantas iglesias a tan corta distancia unas de otras en Lawrence. Es muy saludable tener reuniones de varias iglesias. Quería adorar al Señor Jesús con todos en una escala más grande porque más de mil hombres asisten cada año.

El Espíritu Santo me hizo extender la mano a este pastor poco después de haber hecho el video, así que le envié un mensaje directo un par de meses antes de la conferencia. No había hablado con él desde que dejé su iglesia. Acababa de entrar en los redes sociales, particularmente en Facebook, dos años antes de escribir este libro, poco después de haber reconciliado mi relación con Dios. Le dije a este hombre que había estado pensando en ir al evento y sentí en mi espíritu que necesitaba comunicarme con él directamente y averiguar si eso estaba bien. Incluso antes de que él respondiera a mi texto, discerní lo que él diría. Entiendo su preocupación por su iglesia y tiene la obligación de proteger a su iglesia y a sus miembros de cualquier cosa que le parezca espiritualmente anormal. Su respuesta fue más allá de lo que yo anticipaba o esperaba y no de una buena manera. ¡Escribió una novela corta en su respuesta! Algunas de las palabras estaban en mayúsculas, y expresó que no tenía idea de lo que yo quería decir con que las iglesias no estaban unificadas. El sintió que estaban más unificadas que nunca y sugirió que tal vez la división y los muros a los que me refería estaban todos en mi corazón y que tal vez necesitaba examinarme. Me dijo que ahora estaba dirigiendo seminarios con pentecostales, bautistas y evangélicos y abriendo nuevas iglesias en todas partes. Indicó que la plantación de iglesias estaba en su punto más alto en Nueva Inglaterra. También dijo que si quería venir, debería darme cuenta de que no hablan en lenguas ni imponen manos sobre la gente. Incluso se aseguró de poner estos comentarios particulares en mayúsculas y junto con otro punto que hizo acerca de no hacer nada supuestamente fuera de las pautas bíblicas. Él dijo que ellos están de acuerdo en los puntos principales pero que dejan en paz los puntos menores.

El mensaje fue una píldora difícil de tragar, por no decir más, porque claramente me estaba diciendo que no asistiera. Mientras continuaba leyendo, sentí que él estaba preocupado de que yo quisiera venir y aprovechar una posición para mí como un líder cristiano prometedor en el área. Él dijo estas palabras exactas. "Si vienes a ganar influencia o a promover una agenda para elevarte, entonces tal vez esto no sea para ti". Muchas de las iglesias en Nueva Inglaterra se enfocan en los números dentro de las paredes de la iglesia y creo que la Biblia dice que nos enfoquemos en el arrepentimiento y la salvación. Sé que es importante mantener el enfoque en el Señor y no mantener el enfoque en ningún hombre, así que ciertamente estoy de acuerdo con su proceso de pensamiento hasta cierto punto.

La respuesta en el Messenger seguía y seguía, pero estos fueron algunos de los puntos más destacados. Sentí que decía "si vemos algo raro, se te pedirá que te vayas". Me dijo que una vez una persona fue a su conferencia de hombres que estaba imponiendo las manos sobre la gente y orando para sanar sus enfermedades. A ese hombre se le pidió que parara. Pero esta persona siguió imponiendo manos a personas que necesitaban oración a pesar de que se lo pidieron. Así que se le dijo que se fuera y que nunca asistiera a menos que dejara de operar en sus dones espirituales. Me quedé totalmente sorprendido cuando leí repetidamente su respuesta.

Todo lo que pude decir fue "wow" en voz alta después de leer su mensaje. Cuando terminé, la ansiedad se apoderó de mí con fuerza. Respondí a este pastor en amor lo mejor que pude, pero la línea estaba marcada en la arena. Cualquier afiliación que tuviera con esta iglesia llegó a un final permanente esa noche. ¡No requería mucho discernimiento de parte de Dios para darme cuenta de que probablemente no debía asistir! Así que cuando junio llegó, no fui.

Seguí preguntando al Espíritu Santo sobre un comentario que había hecho. Dijo, "Las iglesias están más unificadas que nunca antes". Estaba dirigiendo seminarios para "enseñar a un grupo de diferentes congregaciones cómo plantar iglesias". Mi pregunta para el Espíritu Santo entonces era: "Si las iglesias están más unificadas que nunca, entonces ¿por qué estamos en medio de una epidemia de heroína?" He escuchado repetidamente que la condición de la comunidad es la condición de las iglesias. Un día, el Señor habló en mi espíritu y dijo claramente, "La plantación de iglesias no es una señal de avivamiento y unidad entre las iglesias". El arrepentimiento del hombre sí lo es". Ante esta revelación, sólo sonreí mucho. Es asombroso lo vivo y activo que es el Espíritu Santo para nosotros los creyentes hoy en día.

A principios de 2018, tuve una conversación con Eric Díaz, y hablamos de lo genial que sería celebrar una conferencia de hombres. Creo que este era el momento que el Señor había ordenado para implementar esta idea. Mientras tanto, me enojé con el Señor inmediatamente después de tener la conversación mencionada anteriormente con el pastor. Le grité a Dios y le pregunté si yo había hecho su voluntad, entonces ¿por qué era una oveja negra dentro del cuerpo de Cristo? Le pregunté por qué se me veía como un lunático.

"¿Por qué soy visto como radical y no bíblico?" Le grité a Él. No lo entendía. "Señor, ¿qué vas a hacer con lo que le está pasando a esta comunidad? Quiero un avivamiento; ¡eso es lo que quiero! ¡De eso se trata todo esto!" Grité. "Quiero que la gente sepa quién eres. ¿Qué vas a hacer tu?"

Él respondió: "¿Qué voy a hacer? Ya hice mi movida en la cruz. Mi trabajo está terminado. ¿Qué vas a hacer *tu*?"

Dije: "¡Nadie quiere trabajar conmigo!"

"Yo soy el que pone a los reyes en su lugar y el que los derriba. Yo soy el que hizo (el pastor local). Cualquier cosa que busques de él, yo soy el que puede proporcionártela". Él respondió. Entonces Dios me preguntó: "*¿Qué quieres, Brian?*"

Le respondí: "Quiero hacer una conferencia de hombres".

"¡Así que haz el movimiento y empieza una, y yo la respaldaré!" Me sentí tan humilde ante Sus palabras. Empecé a reírme y pensé: " *Bueno, eso es todo lo que tenías que decir*".

Durante esa misma temporada, mi prometida, Eunice, me señaló repetidamente un verso, pero yo no le presté atención. Segunda de Crónicas 16:9 dice: " Porque los ojos del Señor corren de un lado a otro por toda la tierra, para mostrarse fuerte en nombre de aquellos cuyo corazón es leal a Él". Ella seguía diciéndome, "Brian, ese es tu verso". Este es otro ejemplo de cómo la Palabra de Dios está viva. Se aplicará en el momento exacto necesario para implementar la voluntad del Señor. El versículo no tenía sentido al principio. Pero después de esa conversación con Dios, sentí fuertemente que necesitaba ir a buscar ese versículo de nuevo, y por supuesto, me golpeó entre los ojos. Le dije al Señor: "Está bien, has hablado. Tu Palabra dice que estás buscando gente a quien mostrarle tu poder. Bueno, voy a tomar esto, y voy a hacer algo con ello. Sólo apóyame".

"Bien", respondió.

El nombre #GODMANCE había surgido en mi mente por el poder del Espíritu Santo. Era una mezcla de bromance y una relación amorosa con Dios. No se me ocurrió esta palabra original. La busqué en Google y otros resultados aparecieron, pero nunca había escuchado esta palabra antes. La idea detrás de esto era tener un bromance con mi amigo Eric, que la gente solía decirnos todo el tiempo. Si los amigos íntimos masculinos pueden tener un bromance, entonces ¿por qué no tenemos un #GODMANCE que sea aún más fuerte? El hashtag que tiene enfrente actualizó la palabra para que pueda ser usada en las plataformas de las redes sociales.

Empezamos a crear la visión, pero todavía no le había mencionado el nombre de esta conferencia. En ese momento, su esposa tuvo un aborto involuntario que fue muy difícil para Eric y su familia. Como resultado, este proyecto quedó en un segundo plano durante un tiempo.

Habíamos declarado un avivamiento espiritual en marzo antes de que yo empezara a hacer todos estos videos de Facebook basados en Job 22:28, "Asimismo se realizará lo que tú determines, y sobre tus caminos resplandecerá la luz."

Pero la planificación de la conferencia #GOD-MANCE se puso en pausa. Alrededor de la misma fecha, conocí a Les Brinkley, que vive en Florida, a través de la aplicación Marco Polo, una aplicación de un grupo de redes sociales. Les miró al azar mis viejos videos y vio uno que Eric y yo hicimos enfocando en Job 22:28 a principios de marzo. Eric también estaba en el chat del grupo pero lo dejó poco después. Les me llamó de la nada y me dijo, "Tú y Eric tienen un mandato para esa área" Esto reafirmó nuestro llamado a esa región. Continuó: "Ustedes tienen que continuar ese avivamiento". Les tenía dos hijos adolescentes que habían muerto, así que nos dijo, "El diablo está tratando de descarrilar a Eric como trató de descarrilarme a mí. Brian, si hablas con Eric, muéstrale este video y dile que le dije que necesita ser un hombre valiente. ¡Necesita recoger su espada, y ustedes necesitan continuar con este avivamiento!"

Nadie sabía que la palabra #GODMANCE circulaba en mi cabeza excepto Dios. Durante esta llamada telefónica, Les me infundió vida, diciéndome que un avivamiento estaba llegando a nuestra región y que Dios lo iba a hacer a través de Eric y de mí. Les repitió que necesitábamos obedecer el mandato de Dios sobre nuestras vidas para que pudiéramos ver un avivamiento en nuestra región. Luego dijo algo que realmente me llamó la atención. "Tú y Eric, hombre, tienen como este bromance. Ustedes aman a Dios, así que es realmente como un GODMANCE".

"¿Qué?" Le contesté, preguntándome si mis oídos me estaban jugando una mala pasada.

"Ustedes tienen como una GODMANCE". Se repitió a sí mismo.

Y en ese momento, ¡bum! En ese momento, en ese segundo, supe que el Espíritu Santo había confirmado el mensaje y la palabra sobre la conferencia de hombres. A partir de ahí, organizamos toda la conferencia. El hecho de que la palabra que Dios me había dado salió de la boca de este hombre de Florida, a quien nunca había conocido antes, fue completamente el Señor mostrándome que el mismo Espíritu Santo que habitaba en mí también vivía en Les Brinkley. Empecé a gritar de emoción durante esta conversación con Les.

La conferencia se iba a llevar a cabo la segunda semana de agosto. Dos semanas antes, el Espíritu Santo me dijo mientras conducía por la Ruta 28 en New Hampshire, "No saques nunca el #GODMANCE del

Valle de Merrimack. Prométeme que lo dejarás allí, no importa lo que pase. Quiero que se quede allí".

A esto respondí: "Lo prometo".

Como mencioné anteriormente, el Presidente Trump habló de la epidemia de heroína aquí en esta área. El Espíritu Santo me dijo: "El escenario está listo". La situación se me había aclarado para que el poder de Dios se hiciera fuerte y se mostrara a través de nosotros. De manera similar, Dios permitió que el corazón de Faraón se endureciera para que Él diera a conocer su poder a través de él. Creo que la epidemia de la heroína se había vuelto tan mala que llegó a un punto de ruptura. Dios podría entonces comenzar el avivamiento y recibir la gloria por terminar con esa epidemia en lugar del hombre o de la policía local. Siento que esta es precisamente la razón por la cual Dios me dijo que nunca tomara la conferencia #GODMANCE del Valle de Merrimack. La mayoría de los retiros de hombres los sacan de sus hogares y de la región, lo cual ciertamente puede tener beneficios. Algunos hombres no pueden asistir a estas conferencias porque no pueden tomar tiempo libre del trabajo o debido a otras obligaciones. El propósito de #GODMANCE era tener una reunión local de hombres en un área donde la guerra espiritual era muy activa debido a la condición de la comunidad. Era un evento gratuito para todos los asistentes. Esta reunión era para hombres de diferentes iglesias para adorar al Señor nuestro Dios bajo un mismo techo. Decidimos realizarla a mediados del día para que la gente pudiera asistir si estaban haciendo mandados o no.

Si los hombres tienen que viajar a conferencias lejanas, regresan cansados del fin de semana largo y no tienen tanta energía después de tener comunión con otros creyentes. La conferencia de hombres a la que decidí no asistir tiene mucha publicidad y emoción, pero poca convicción en el mensaje. La mayoría de los hombres regresaron con poco cambio. Se puede decir esto por lo que se dijo después de la conferencia y los mensajes de los redes sociales durante y después de la conferencia. No se mostró mucho fruto espiritual cuando los hombres se fueron a casa. Nuestra comunidad siguió siendo la misma: rota.

#GODMANCE permitiría que los hombres se cargaran del amor de Jesús y que luego rápidamente derramaran su amor en sus esposas, hijos y en la comunidad. Esta conferencia se enfocaría en la adoración y la Palabra.

No estaríamos jugando al fútbol o cocinando hamburguesas. Queríamos crear una atmósfera en la que el Espíritu Santo pudiera moverse en los corazones de los hombres para inspirarnos a volver nuestras vidas a la presencia del Padre.

Los hombres que asistieron comentaron lo impactante y poderoso que fue. Muchas vidas fueron tocadas con numerosos testimonios de personas reconciliando su relación con el Señor. Planeamos continuar esta conferencia cada año en la misma región, y bombardearemos la región con otras conferencias, y #GODMANCE será sólo una de ellas. La esperanza de esta conferencia es llevarla a cabo en una iglesia diferente en el Valle de Merrimack cada año para crear un vínculo y unidad dentro del cuerpo de Cristo y generar una nueva epidemia. Yo caminé en obediencia para el Señor, y Él respaldó mi fe como me dijo que lo haría.

Después de la conferencia, llevamos a cabo bautismos de agua. Cinco personas fueron bautizadas en agua, y siete personas entregaron sus vidas a Cristo. Casi doscientos hombres se presentaron para este asombroso mover de Dios en esta región. Toda la gloria sea para Dios por los resultados de este evento.

Cuando todavía estaba lejos de Dios, mi madre vino a mi casa y me dijo que sería un predicador. Yo me reía y le soplaba humo en la cara. Ella me decía: "No importa lo que hagas, Brian. Dios te va a convertir en un predicador. Antes de morir, te escucharé predicar la Palabra de Dios". Esto estaba tan lejos de mi mente que ni siquiera presté atención. Mi madre me ha visto ahora predicar bastantes veces hasta el momento de este relato. El apóstol Pablo habla de esto cuando menciona a Loida, la abuela de Timoteo, y a su madre Eunice, quienes solían hablarle palabras de vida y de aliento a Timoteo (véase 2 Timoteo 1:6). Nunca me di cuenta de que estaba escuchando una profecía hablada sobre mi vida por mi madre. Es asombroso ver cómo se cumple todo y ver el gozo en el rostro de mi madre cuando me ve trabajando diligentemente para el Señor.

EXPLOSIÓN DE EVANGELISMO

EN ABRIL DE 2018, fui a un viaje misionero, y nuestro pastor utilizó el término "explosión de evangelismo" mientras trabajábamos en un edificio de Teen Challenge dañado por el huracán María en Bayamón, Puerto Rico. El pastor Rick Amendola estaba hablando con alguien más cuando lo escuché decir esto. Las palabras resonaron en mí, y más tarde Dios me involucraría en la organización de un evento con este nombre en el área. Al momento de escribir este libro, tengo programado presentar la primera parte de este entrenamiento.

Me encanta hablar con la gente sobre la bondad del Señor nuestro Dios. Trae vida a mi alma y llena cada parte de mi ser.

En una ocasión, al principio de mi reconciliación con el Señor, mi hijo menor estaba enfermo. Fui a la farmacia para comprar algunas medicinas sin receta, y mis ojos se fijaron en un estante de libros que había allí. Un libro titulado *Los dones y ministerios del Espíritu Santo* cubierto de polvo estaba en el estante de abajo. No podía apartar la vista de él. Lo recogí, limpié el polvo y lo compré. Hacia el final del libro, encontré esta cita. "¿Sientes una llamada al evangelismo? Entonces ve a tu propio vecindario, a tus vecinos y amigos, y haz que alguien se salve. Ve al otro lado de la ciudad a alguien que nunca hayas visto antes y ve si puedes guiarlo a Jesús".[1]

Después de terminar el libro, empecé a acercarme a la gente, aunque de forma incómoda, y les dije algo tan simple como "Jesús te ama". Poco a poco y por la gracia y la instrucción de Dios, mejoré en el evangelismo hasta el punto en que ahora es realmente dirigido por el Espíritu Santo. Segunda de Corintios 5:20 dice: "Ahora bien, somos embajadores en nombre de Cristo, como si Dios estuviera suplicando a través de nosotros: te imploramos en nombre de Cristo, reconcíliate con Dios".

He visto a gente empezar a llorar cuando les hablo de Jesús, de mi testimonio y de la bondad del Señor. Él vino a mi vida y la cambió para que fuera completamente efectiva para Él. Esto es una prueba del poder de la sangre de Cristo y de lo que se hizo en la cruz del Calvario. Sé que he sido llamado como evangelista, lo cual ha sido pronunciado sobre mi vida por Dios también.

Hace más de quince años, alguien que nunca había conocido o incluso visto antes se me acercó en una reunión de la iglesia y me preguntó si yo era un evangelista. En ese momento, ni siquiera sabía lo que era un evangelista o lo que significaba la palabra. Continuó: "Eres un evangelista. Te he visto antes. Te he visto en un estadio predicando a una audiencia de diez mil personas. Dios te usó para traer personas a Él. "¡Eres un evangelista! " Nunca volví a ver a ese hombre, pero terminé buscando la palabra evangelista cuando llegué a casa. Después de que aprendí lo que era un evangelista, pensé: *"Está bien, lo que sea*, ya que esto fue muchos años antes de que me reconciliara con Dios, y no tenía ni idea de quién era Él. Todavía no he visto el cumplimiento completo de esta profecía. Pero creo que Dios cumplirá su palabra, y lo comparto aquí como un registro público y para la rendición de cuentas antes de que suceda. Todos estos años después, estoy a punto de ser usado por Dios para desatar conferencias de explosión de evangelismo junto con #GODMANCE en una parte del país que ha sido declarada como una epidemia de heroína por el presidente de los Estados Unidos. ¡Dios es asombroso! La razón por la que estoy comenzando esto en nuestra parte del país es porque " Sé que mi Redentor vive y que por fin se mantendrá en la tierra" (Job 19:25). ¡Sé que Jesús está vivo!

Cuando escuché a nuestro pastor pronunciar esas palabras "explosión de evangelismo", investigué el término en Google. Aproveché la oportunidad más cercana y me dirigí a Arkansas para un seminario de dos días sobre cómo evangelizar eficazmente. Tenía una idea equivocada de lo que era esparcir el evangelio de Jesucristo o evangelizar. Explosión de evangelismo, fundado por el Dr. James Kennedy, es un proceso sistemático y probado para ayudarle a compartir su fe con completos desconocidos. Ayuda a construir relaciones y a descubrir cuándo las personas están abiertas a conversaciones espirituales. Es una gran herramienta para aprender a hablar del reino espiritual. Estaré usando las habilidades que he aprendido en explosión de evangelismo en el ministerio por el resto de mi vida.

Explosión de evangelismo te permite establecer una visión renovada y un entusiasmo para el testimonio personal. El Seminario *Comparta su Fe* delinea cinco pasos fáciles para que usted pueda recordarlo.[2] Al estar alrededor de amigos y familiares, usted puede ayudarles a descubrir los pasos siguientes en su jornada espiritual. Cuando usted es un testigo del evangelio, necesita eliminar el miedo y ganar confianza.

Sólo quiero crecer y trabajar todo lo que Dios me da

como describe la parábola de los talentos en Mateo 25:14-30. Ese es uno de los aspectos de mi personalidad adictiva. Solía pensar que la personalidad adictiva era solo un cliché, pero busqué el término cuando todavía estaba atado a las drogas. Las personas con una personalidad adictiva se centran en algo y no pueden descansar o detenerse hasta que lo hayan logrado u obtenido.

Ahora trato la eterna Palabra de Dios de esta manera; la tengo en mis manos, y el Señor acaba de abrir mi cerebro. Yo la quiero! Yo oro y me sumerjo en la Palabra escrita todos los días, y por lo menos cuatro días de la semana, durante sesenta a noventa minutos. Cuando no he orado o no he pasado tiempo en la Palabra de Dios en unos pocos días, lo siento. También puedo ver mi personalidad adictiva siendo usada por Dios para traer personas a Él. Así es como Él convierte todas las cosas en algo positivo. Le pregunté al entrenador en Arkansas por qué explosión de evangelismo no estaba en el noreste. Él respondió, "Nueva Inglaterra es el lugar más frío del país. No hemos podido iniciar un centro de entrenamiento allí, y se necesitará a alguien con mucha pasión y resistencia para implementarlo y verlo progresar". Puedo ver claramente por qué estamos en las primeras etapas de un gran avivamiento aquí. La actividad espiritual es tan densa al momento de escribir este libro, que es muy difícil de explicar a menos que la estés experimentando. Nunca he visto al Espíritu Santo moverse de la manera en que se está moviendo ahora mismo.

Si el Señor lo permite, planeo hacer de la Explosión de Evangelismo en la Iglesia Cristiana New Life el más grande, mejor y más efectivo centro de entrenamiento que la tierra jamás haya visto. El avivamiento comenzó en Nueva Inglaterra, y creo que el avivamiento que está sucediendo ahora mismo durará hasta la segunda venida de Cristo.

Hay tanto poder en las Escrituras. Es increíble como el Espíritu Santo todavía nos habla hoy en día. Me sorprende cómo ha sido tan valioso en esa Palabra escrita durante miles de años, esperando ser extrapolada por aquellos de nosotros que la queremos, pero muchos ni siquiera se molestan. Todo en la Biblia está siendo ejecutado delante de nuestros ojos, y nadie le presta atención. Me incluyo a mí mismo en un momento de mi vida.

---

1. Lester Sumrall, *The Gifts and Ministries of the Holy Spirit* (Pennsylvania: Whitaker House, 1982) 261.
2. "Share Your Faith," *Evangelism Explosion International*, accessed April 9, 2019, https://evangelismexplosion.org/ministries/share-your-faith.

REDENCIÓN: REFLEXIONES
FINALES

LA PALABRA de Dios dice en Juan 10:10 que "El ladrón no viene sino para robar, matar y destruir. He venido para que tengan vida y para que la tengan en abundancia ". Mi vida es un testimonio vivo de esta verdad, pero probablemente especialmente en mi nuevo matrimonio. Una parte importante de mi camino de regreso a Cristo fue la implosión de mi primer matrimonio, así que no quiero dejar a los lectores en suspenso si se preguntan sobre algunos comentarios y referencias que he hecho en cuanto a si me he vuelto a casar. La respuesta a eso es: ¡sí!

El Señor Jesús es un Dios de la restauración. Él tiene la habilidad de crear algo de la nada, que es donde mi reconciliación comenzó: desde abajo. No quiero terminar este libro y dejar de glorificar a Dios por restaurar lo que las langostas han comido (Joel 2:25) en cada área de mi vida. Pero antes de llegar a eso, quiero contarles lo que sucedió mientras trabajaba en este manuscrito.

Una mañana, estaba en oración, y le pedí a Dios que hiciera algo especial por mí ese día. No importaba lo que fuera en particular, aunque fuera sólo una revelación. Lo que fuera, bueno o malo, lo aceptaría como Su voluntad en mi vida.

Como soy un enfermero visitante, paso mucho tiempo conduciendo, atendiendo a mis pacientes. En este día en particular, no tenía ninguna razón para ir a mi oficina, pero sentí un impulso para conducir hasta allí de todos modos, ya que hacía tiempo que no iba. Cuando entré, vi una carta de la Lawrence High School con mi nombre en ella, sentada justo encima de mi escritorio. Revisé la fecha una y otra vez porque me sorprendió ver esta carta de uno de mis directores anteriores, parte de la asociación de ex-alumnos que solía trabajar con mi padre.

La abrí para encontrar una invitación para hablar en la escuela. Me habían estado observando y leyendo mis artículos en el periódico y escuchando mis entrevistas en la radio local. La carta decía que estaban inspirados y querían que yo hablara con los alumnos. Quieren que hable en la escuela como orador principal y le pondrán mi nombre a una beca.

Creo que esto fue una vindicación total, la clase de vindicación que está empapada en el favor de Dios y que sólo puede venir de Su trono. Anteriormente mencioné que mi familia estaba completamente avergonzada después de lo que le había pasado a mi padre, y ahora Dios estaba usando esto para dar gloria a Su nombre.

En ese momento, mi familia fue cortada y nunca fue reparada. Ahora veo que Dios se estaba moviendo y haciendo algo poderoso a través de este evento. Lo incluyo aquí al final de este libro ya que este evento está programado para mayo de 2019, poco después de que este libro sea publicado. Me siento honrado de haber sido invitado.

No pude asistir a mi ceremonia de graduación. Unos cuantos compañeros y yo fuimos descubiertos con alcohol y drogas en nuestro viaje de graduación a Disneyland y fuimos expulsados de la escuela. Tuve que asistir a la escuela de verano ese año para recibir mi diploma, pero no llegué a caminar con una toga y un birrete con mis compañeros. Los amigos con los que fui expulsada fueron a la ceremonia de graduación para ver a nuestros amigos graduarse, pero cuando llegamos, nos dijeron que no se nos permitiría asistir a la ceremonia.

Fue una época muy oscura de mi vida, en la misma

época en que mi padre se ocupaba de todos los asuntos legales antes de ir a la cárcel. Todo ese período de mi vida me dolió mucho, pero me olvidé de la mayoría de los eventos de la graduación hasta que recibí la carta ese día. Ahora el Señor me está trayendo de vuelta a un lugar que me trajo tanta vergüenza y dolor como el orador principal para dar un discurso de motivación.

En todos mis mensajes en los medios de comunicación social y siempre que tengo un compromiso de hablar, trato de asegurarme de que la primera palabra que escribo o la primera idea que transmito es Jesús. Quiero que Él sea preeminente en todo lo que digo y hago para que Él vaya primero y me cubra. Efesios 1:7 dice: " *En Él tenemos redención por medio de Su sangre, el perdón de los pecados, de acuerdo con las riquezas de Su gracia* ". Vivo y respiro para hacer que todas las personas con las que me encuentro se den cuenta de la realidad de su bondad redentora.

Ahora tendré la plataforma en mi antigua escuela secundaria y hablaré con unas seiscientas personas. Destacaré el amor de Dios y el sacrificio de Jesucristo y los tejeré naturalmente en mi discurso. No planeo golpear con fuerza los temas religiosos en mi discurso, pero es imposible compartir mi historia y dejar fuera el motivo por el cual soy transformado: la sangre de Jesús. Voy a asegurarme de que sepan que he hecho todo lo que he hecho desde la última vez que me vieron por la gracia de Dios.

¡Gloria a Dios!

Así que para volver a casarme: Dios ha restaurado esa parte de mi vida y la ha redimido de maneras más allá de cualquier cosa que pudiera haber imaginado. No quiero entrar en muchos detalles sobre mi matrimonio y cómo conocí a Eunice, sino decir que el diablo falla porque es un perdedor y un canalla.

Una gran parte de mi trayectoria fue cómo mi matrimonio y mi familia fueron destruidos por una combinación de consecuencias por mis acciones y el ataque del enemigo que busca robar, matar y destruir. No quise dejar de lado ese detalle de mi vida. Quiero asegurarme de que usted sepa que Dios me ha restaurado en todas las áreas de mi vida de las que hablé en este libro.

Por un tiempo, después de comprometer mi vida a Cristo, seguí saliendo al azar, tratando de llenar este vacío en mi vida. Pero después de cinco meses de sobriedad, a principios del 2016, finalmente le dije a mi mamá y a mi pastor que iba a convertir esta pesadilla en un resultado positivo para traerle gloria a Dios. Nunca pensé que el Señor traería a alguien a mi vida con quien había ido a la Lawrence High School veinticinco años antes.

Esto suena tonto de admitir ahora, pero envié un

montón de solicitudes de amistad a las mujeres en Facebook, que obviamente he dejado de hacer desde que conocí a Eunice. La miré como un sitio web de citas gratis y como si estuviera disparando a los peces en un barril, hasta que un día, en la sección de "gente que puede que conozcas" de Facebook, vi su perfil. Presioné el botón para enviar una solicitud de amistad y empecé a ver sus mensajes en mi fuente de noticias.

No tenía ni idea de quién era ella y seguí viendo sus publicaciones sobre temas espirituales. Un día, decidí acecharla en Facebook, así que revisé más de cerca los detalles de su perfil y otras fotos. Para resumir la historia, le pregunté a su hermano si estaba saliendo con alguien y qué pensaba de que yo la invitara a salir. Sugirió que oráramos por ello, y ambos nos arrodillamos en nuestras respectivas casas. Nunca olvidaré esa oración.

Eunice es la única mujer (o persona) a la que le pedí permiso a Dios para conocerla.

Ella viene del mismo trasfondo que yo de las drogas, el alcohol y los cigarrillos, y Dios la salvó también. Ella es libre de ese estilo de vida también y realmente ama al Señor. Ahora estamos muy felizmente casados, y ella también va al colegio bíblico conmigo. Ella es increíble.

Dios me dio exactamente lo que había pedido en una esposa y mucho más. Por eso, estoy eternamente agradecido.

Para terminar, me doy cuenta de que algunas personas pueden pensar que unos años en el Señor es demasiado pronto para escribir un libro biográfico como este, pero no estoy de acuerdo. Quiero liberar a tantos cautivos como pueda tan pronto como pueda, y sé que este mensaje y mi historia harán exactamente eso. Este libro puede llegar y tocar a personas a las que no puedo llegar físicamente.

Alguien me dijo una vez: "Brian, estás en fuego porque eres un nuevo cristiano". Eso desaparecerá con el tiempo". Esa es una de las cosas mas tontas que la gente puede decir, especialmente a un recién convertido. Oro para que el corazón de esa persona se vuelva a encender porque no quiero volverme frío y complaciente de esa manera.

Simplemente no quiero parar. No voy a parar. No voy a dejar de entregar mi vida a Cristo una y otra vez y de matar a mi viejo yo. ¡Quiero que la gente sepa lo que yo sé y lo que Dios me enseñó porque realmente me liberó! Me liberó de los deseos de este mundo. Ya no persigo las finanzas, las posesiones materiales o las mujeres. Todo esto se me ha dado.

El artículo en El Eagle Tribune nos dio publicidad gratis para CathWear. Hasta ahora, no he gastado ni un solo centavo en publicidad o marketing para la compañía. Salí en la portada de la revista de una de las universidades de las que me gradué. En el momento de escribir esto, voy a estar en la portada de una segunda revista de otra universidad a la que asistí. Y como mencioné, estoy programado para ser el orador principal de una asamblea en mi vieja escuela secundaria.

Todo esto es mercadeo libre y Dios promoviendo lo que está haciendo en y a través de mí. No estoy tratando de hacer que nada suceda por mi cuenta o para mi propia gloria.

Todo es Él.

Todo es Dios.

El diablo es el padre de las mentiras. Fue un asesino desde el principio y no se mantiene en la verdad porque no hay verdad en él. Cuando habla una mentira, habla por sus propios medios, porque es un mentiroso y el padre de ella (Juan 8:44). Es el acusador de los hermanos. Se disfraza como un ángel de luz, por lo que su voz es muy engañosa. El diablo me mintió a mí y a toda la humanidad. Me mintió acerca de quién era yo en realidad, y sin saberlo me asocié con él para destruir mi vida a través de mi pobre toma de decisiones. En ese momento, no sabía qué herederos somos del reino de los cielos por el sacrificio de sangre del Padre a través de Jesús en la cruz. Es verdaderamente especial pensar que el cielo es real, y que ahora tenemos acceso al lugar santísimo gracias a Jesús. Somos ahora los hijos y el pueblo de

Dios. Mi vida fuera de Jesús es inútil, pero mi vida bajo Su justicia me da poder para hacer la voluntad del Señor.

Satanás no puede regresar al cielo porque trató de ser como Dios, por lo que fue expulsado del reino y el gobierno de Dios. Ahora él trata de torcer todo lo bello de la creación de Dios para mantenernos fuera del cielo también. Él sólo puede distorsionar y deformar las cosas de Dios porque el diablo no tiene la habilidad de crear. Él es mucho más limitado de lo que pensamos. Pero tenemos inteligencia a través del Espíritu Santo que reemplaza cualquier cosa que las fuerzas de las tinieblas puedan presentar. El diablo es muy inteligente, pero mayor es el que vive en mí que el que está en el mundo (1 Juan 4:4).

Él quiere que persigamos todo y cualquier cosa sólo para que no persigamos a Dios. No estoy tan impulsado a tener éxito aquí en la tierra ahora que sé que vivimos para siempre en la eternidad con Jesús. No siento la prisa de tener éxito de acuerdo a los estándares del hombre. Todo lo que quiero hacer es amar a Dios con todo mi corazón, mente, alma y fuerzas y amar a mi prójimo como a mí mismo (Marcos 12:30-31). Encuentro tanto gozo en hacer lo que dice Mateo 6:33, que es "buscad primeramente el reino de Dios y su justicia, y todas estas cosas os serán añadidas". Hay una alegría en trabajar para Jesús que no puedo explicar. Es absolutamente asombroso estar en la presencia de Dios. La manera en que me siento ahora es la manera en que pensé que me sentía cuando usaba alcohol y cocaína.

Tengo éxito a través de la victoria de Jesús en la cruz del Calvario. La sangre de Jesús nos da el acceso a un sacerdocio real. No temo a la muerte porque los que están en Cristo Jesús no enfrentarán ninguna muerte... Estoy aquí para hacer avanzar el reino de Dios y luego pasar al siguiente reino... ¡el cielo!

Para concluir, quiero terminar este libro con las palabras del salmista. "Díganlo los redimidos de Jehová. Los que ha redimido del poder del enemigo," (Salmo 107: 2).

SOBRE EL AUTOR

Brian Mohika es enfermero registrado con múltiples títulos en ciencias y posee varias patentes médicas de inventos, y es el CEO de una compañía de dispositivos médicos llamada CathWear. Brian ha continuado su educación asistiendo a la escuela de liderazgo ministerial para ser un pastor ordenado y así predicar el Evangelio como evangelista viajante. Brian es ahora el Líder del Ministerio de Hombres de New Life Christian y también es un miembro muy activo dentro de la comunidad.

Él ha co-fundado numerosas conferencias anuales en el Valle de Merrimack con la intención de provocar un avivamiento en el área inmediata. El corazón de Brian es prestar su poderosa voz para difundir el Evangelio de Jesucristo a través de charlas públicas con la esperanza de iluminar a otros a la verdad sobre la eternidad.

Made in the USA
Middletown, DE
07 January 2023

20155327R00078